JN231337

仮想通貨3.0

✳

Cryptocurrency 3.0

Mark Marie Robert Karpelès
マルク・カルプレス

講談社

仮想通貨3・0　目次

第2章　ブロックチェーンとマイニング

第3章　ビットコインはまだ買いなのか

第5章 知っておくべきリスク

第6章 仮想通貨の未来

はじめに

現在、世界中にある仮想通貨の種類はゆうに2000を超えています。なかには、詐欺まがいの怪しげな仮想通貨があることも事実ですが、そのコンセプトから一定の影響力を持つようになった仮想通貨もいくつもあります。

その代表がビットコインです。

仮想通貨の歴史は、ビットコインの誕生から始まったといっても過言ではありません。ビットコインの根幹を担うブロックチェーンという技術は、今なお多くの仮想通貨に受け継がれています。

しかしながら、ビットコインに限っていえば、多くの人々を魅了する理由は残念ながらその技術ではありません。ビットコインの大きな価格変動性に目をつけた投資家たちが次々と投資をしていき、コインは投資対象としてしか見なされなくなっていきました。

日本では、価格の急騰によって億単位の利益を得た「億り人」と呼ばれる人々が注目されることで、ビットコインを中心とする仮想通貨を求める人が激増していくことになります。もはや、ビットコインの当初の理念である国家や大組織に管理されない通貨の実現は忘れ去られているのが現状だと言えるでしょう。

マウントゴックスという会社を覚えているでしょうか。

今でこそ国内に仮想通貨取引所はたくさんありますが、２０１４年当時はビットコインという仮想通貨を扱う数少ない仮想通貨取引所の一つでした。

私は偶然にもビットコインに出会い、その可能性に希望を感じました。そんな想いから、少しでも多くの方にビットコインに触れてもらおうとマウントゴックスを設立したのです。

しかし２０１４年2月。マウントゴックスが何者かにハッキングされ、多額のビットコインが消失する事件が発生してしまいました。多くの方々に多大なる迷惑をかけることになってしまい、今でもあの出来事を忘れたことはありません。

その後、私はハッキングとは何ら関係のない容疑で逮捕されることになり、結果的には事実上の無罪を勝ち取ることができました。逮捕の恐ろしさと屈辱感は今なお私の心に深く刻み込まれています。

そうした辛い経験もしましたが、それでもなおこうして本を執筆することにしたのは、ビットコインひいては仮想通貨への正しい理解を広めたいという考えからです。

ビットコインバブルがはじけ、ある程度の落ち着きをみせている仮想通貨ですが、まだまだ多くの方がビットコインをはじめとする仮想通貨に対して正確に理解しているとは言えない状況です。

「ビットコインは終わった」という声もたびたび耳にします。果たして本当にそうなのでしょうか。

仮にビットコインがダメになったとしても、その意思を受け継ぐ新たな仮想通貨が出現しないとも限りません。人類の大きな歴史からみたら、まだまだ仮想通貨は生まれて間もない赤ん坊も同然。可能性は無限に広がっています。

特に、ビットコインを支えているブロックチェーン技術は大きな可能性を秘めているでしょう。ブロックチェーンは仮想通貨の枠を飛び出し、様々な分野で応用が期待されています。

ただし、決して万能な技術ではないことは認識しておくべきです。現在は、各企業がこれでもかとブロックチェーンをアピールしていますが、その可能性ばかりが強調されている面は否めません。できること、できないことの議論が置き去りにされてしまっているのです。このような議論不在の状況は、将来の社会実装を考えた時に、ブロックチェーンに大きな損失をもたらします。

だからこそ、時に本書では厳しい見方をしている部分もあります。しかし、ビットコインやブロックチェーンを憎んでいるからでは決してなく、むしろその魅力を誰よりも理解しているからこそ、そのリアルを伝えたいのです。

2020年には、仮想通貨を「暗号資産」という呼び方へ変更することが決まっていますが、本書ではあえて愛着ある「仮想通貨」という言葉を使わせてもらいます。やはりこちらの呼び名のほうが私にはしっくりくるようです。

それだけ昔から仮想通貨に接しているということなのでしょう。だからこそ、黎明期からビットコインに携わってきた立場の人間として、私にはビットコインの正しい歴史と現状を伝える責任があると考えています。そして、多くの方に仮想通貨について改めて理解していただき、ぜひともその可能性に着目してほしいと願っています。

第1章 仮想通貨とは何か

仮想通貨との出会い

日本で会社設立

初めてビットコインの存在を知ったとき、なんとなく興味が湧いたのを覚えています。長くプログラミングに慣れ親しんできた身としては、この新たな技術にワクワクしていたのだと今になって思います。

きっかけは、あるお客さんとの出会いでした。

もともと、私はフランスでウェブサイト向けのサーバーホスティングの会社を経営していました。自分のウェブサイトを作ったりしたことがある人ならお分かりでしょうが、ちょっとしたウェブサイトを作るくらいなら、わざわざ自分でサーバーを購入する必要はありません。大きなサーバーの一部の領域だけ使えればウェブサイトならば運営できます。当時、私はそういったライトな層に向けてサーバーの一部を貸し出していたのです。

２００９年のことでした。私は自らの会社経営と並行して、ある企業で働いていました。その会社が軌道に乗り、なんと日本の会社を買収することになったのです。日本に憧れを抱いていた私にとってはまたとないチャンス。すぐに社長のもとを訪れ、「日本に行かせてください！」と直談判をしました。

幸運にも私の願いは聞き入れられ、日本で働ける機会に恵まれます。しかも、働いていた会社の子会社で社員として働く予定だったのですが、大変ありがたいことに、私が自分の会社を作り、もといた会社の仕事を受注することになりました。当時の社長が私に期待してくれていたということでしょう。驚いたと同時に、日本で働ける嬉しさでいっぱいでした。

そして、２００９年10月29日、「ＴＩＢＡＮＮＥ（ティバン）」というサーバーホスティングの会社を新たにスタートさせることになりました。このとき私は24歳になったばかり。新たなチャレンジに非常に興奮していたことを今でも思い出します。

世界で初めてビットコイン決済に対応

日本で会社をスタートさせてから半年ほど経ったある日のことでした。私にとって、運命とも言うべき日が訪れます。

一人のお客さんから「料金の支払いに銀行のカードを使うと怪しまれることがある」と料金の決済方法について相談を受けたのです。このお客さんはペルー在住のフランス人という少し複雑な状況に置かれていた方で、フランスの銀行カードで決済をするたびに、フランスで盗難されたカードがペルーで使われているのではないかと怪しまれていたようです。「毎回面倒な思いをしているのでどうにかならないか」という話の流れで、お客さんがこんなことを言いました。

「ビットコインで決済できないか？」

初めて「ビットコイン」という言葉を聞いた瞬間でした。少し話を聞いてみると、決済に使うことができる新たな仮想通貨だと説明され、これは面白そうなものだと思いました。

ただ、それだけでは導入を決定することはできません。自分でもビットコインがどういったものなのかを調査し、新たなビットコインが手に入るマイニングという作業にも参加してみました。まだマイニングに参加しているユーザーが少ない時期だったこともあり、あっという間に50ＢＴＣ（ビットコインの単位）を手に入れることができました。

知れば知るほどビットコインに対する興味は強くなっていき、その可能性に賭けてみたいと考えるようになりました。なにより、「面白そうだ」という直感がそうさせたのかもしれません。

後日、ビットコインを決済の選択肢として正式に採用したのは自然な流れでした。今でこそ、ビックカメラなど、ビットコインが使える店舗は国内に複数ありますが、２０１０年の時点では、ティバンがビットコイン決済に対応した世界で最初の会社となりました。

誰がいつ、どうやって作ったのか

ビットコイン以前の仮想通貨

ビットコインが登場する前にも、仮想通貨に似たものは存在していました。

2003年に『セカンドライフ』という仮想世界が作られたことをご存知でしょうか。アメリカのリンデンラボ社が始めた仮想空間のサービスで、まるで現実世界のように自由度が大きいことが特徴です。参加ユーザーはセカンドライフという仮想空間内で自由に振る舞うことができ、服装や居住地すらも思うがまま。とはいえ、一定の人気は集めましたが、世界中で爆発的に大ヒットしたわけではありません。

当時、私もセカンドライフに参加してみたことがあります。デモや戦争があるなど、さながら現実世界のようなイベントが起きていた点が面白いと思いましたが、残念ながらのめり込むほどではなく、次第にログインすることもなくなっていきました。

今でこそ、セカンドライフが大きな話題になることは滅多にありません。ただし、振り返ってみるとそのシステムには今の仮想通貨にも通じるものが導入されていました。

セカンドライフの大きな特徴は、「リンデンドル」という専用通貨が流通していたことです。仮想世界で何かを購入するためにはリンデンドルが必要とされ、ユーザーたちはミッションをクリアしたり、自分で作ったものを売ることでリンデンドルを獲得していました。また最近のゲームのように課金を行っても、リンデンドルは獲得することができます。もちろん、それまでもゲーム内通貨は存在していたので、専用通貨があること自体はさほど珍しいことではありません。

ただ、セカンドライフが世間を驚かせたのは、ドルとリンデンドルの交換を可能にしたことでした。専用通貨から現実通貨への交換が公式に認められたゲームがまだ登場していないなか、セカンドライフでは公式な為替レートに基づいてドルとリンデンドルを交換することができたのです。

一時期は、世界で１０００人以上のユーザーがセカンドライフで生計を立てていたこともあったようで、なかには仮想世界内の土地の売買だけで１００万ドルを稼いだユーザーもいたというから驚きです。そういった意味では、リンデンドルはリアルへ影響を与えた初めての仮想通貨だったと言えるかもしれません。

サトシ・ナカモトという男

しかしながら、国家レベルから個人レベルまで、世界中で大きなインパクトを与えた仮想通貨といえば、やはりビットコインでしょう。新たな通貨の誕生とまで言われたこの大発明は、一人の天才によってなされました。発明者の名前はサトシ・ナカモト。ニュースなどで名前くらいは聞いたことがあるかもしれませんが、もちろん本当の名前ではありません。今でも神秘のベールに包まれている謎の天才です。

２００８年10月、サトシ・ナカモトは『ビットコイン：P2P電子マネーシステム』という論文をインターネット上に公開しました。たった９ページの短い論文、これがビットコインのすべての始まりだったのです。

そこには、「信用」で成り立つ既存の金融システムによる送金コストの高さと、それを克服するための新たな電子通貨の具体的な提案が記されていました。

その後、２００９年１月にはサトシ・ナカモトがソフトを公開し、記念すべき最初のビットコインのブロックが作られることになります。そして現在も休むことなくビットコインのブロックは作り続けられているのです。

サトシ・ナカモトは根っからのプログラマーだったに違いありません。彼がビットコインの論文を発表したのも、多くの人々にビットコインで遊んでもらったり、試してもらいたい気持ちからだったのでしょう。なにより彼は、ビットコインという新たな可能性を知ってほしかったに違いありません。

謎の男サトシ・ナカモトは、プログラマーであり、経済学者であり、金融の達人だと言えるでしょう。

天才の正体

しかし、ビットコインは紆余曲折を経て、もはや「楽しむ」という範疇(はんちゅう)を超えたものになってしまいました。ビットコインの大きな価格変動性は、世界中の投資家を惹きつけ、ユーザー数が爆発的に伸びていきました。人々の思惑が複雑に絡み合い、ビットコインはもはや通貨というより、投資対象としてしか見られなくなってしまったのです。

ビットコインの開発当初は技術者同士の一体感のようなものがありました。しかし、そのような可能性を楽しみながら試行錯誤していた雰囲気はなくなってしまいました。代わりに技術に全く興味のない人々が多額の資金でビットコインを買い漁り、価格の上下に一喜一憂する様子が目立つようになっていきます。

サトシ・ナカモトも、そんな状況に責任を持てないと感じたのかもしれません。2012年以降、開発に全く携わらなくなりました。というよりも、一切の気配を消してしまったのです。

現在まで、ビットコインの開発者とされるサトシ・ナカモトの正体は明らかにされていません。世界中の人間がこの謎めいた天才に興味を持ち、多くのメディアが彼に近づこうとしてきました。2014年には同姓同名の日系人の自宅にメディアが殺到する騒ぎにまで発展しています。

そして、ついには「我こそはサトシ・ナカモトである」と名乗る人物も出現しています。2016年5月2日、オーストラリア人のクレイグ・ライトという男が「自分がサトシ・ナカモトである」とBBCニュースなどの取材に答えたのです。このとき彼はBBCに対して、サトシ・ナカモト本人しか示すことができないとされる最初のブロックチェーン取引の情報の一部を公開するなどしています。これを受けて、もしかしたら彼がサトシ・ナカモトではないかと考える人間も多くなったに違いありません。

一方で、彼がサトシ・ナカモトであることを疑問視する技術者も多く、私もその一人です。というのも、彼が証拠として示していたビットコインの情報が、マウントゴックスのビットコインだったことが確認できているからです。

今でもビットコイン界隈で彼の名前を聞くことがあるし、クレイグの弁護士は「彼はサトシ・ナカモトだ」と主張しています。そのため、今でも彼がサトシ・ナカモトであると信じている人間が多くいることは確かで、私が彼の主張に疑問を投げかけると過剰に反応されることもあるくらいです。それでも、私はクレイグ・ライトがサトシ・ナカモトではないことを断言します。

私からはサトシ・ナカモトの正体については何も言うことができません。ただ、一つ確かなことは、これまで名前のあがった人間は、誰一人としてサトシ・ナカモトではないということです。

サトシ・ナカモトは、まだビットコインが注目される前からマイニングを行っていたので、１００万ビットコイン以上は所有していると言われています。これまでサトシのコインが移動したことは一度もありませんが、もし彼がこの「大金」を売り抜けたらどうなるでしょうか。きっとビットコインのマーケットは大下落し、世界中が大混乱に陥ります。しかし、彼はそんなことをするような人間ではありません。むしろ、今はビットコインには触りたくもないというのが本音ではないでしょうか。

サトシ・ナカモトが目指したもの

通貨の誕生

今でこそ「仮想通貨」という言葉を普通に使っていますが、そもそも通貨とは一体何なのでしょうか。仮想通貨の本質を深く理解するためにも、まずは通貨の成り立ちを簡単におさらいしたいと思います。

私たちが日々使っている通貨というものは、もともとは物々交換の不便を解消する目的で発明されたものです。

例えば、大きな丸太1本と布1枚が同じ価値だった場合を考えてみてください。通貨のない時代に生きていた人間たちは、わざわざ布と丸太を交換するしかありませんでした。あらかじめ丸太をもっと軽くて価値のあるものに交換しておくという方法もあったかもしれませんが、いずれにしても手間がかかります。なにより、必ずしも物々交換でお互いに希望のものを交換できるとも限りません。

そこで考え出されたのが通貨でした。持ち運びが簡単で、なおかつ価値のあるものに物の価値を媒介させたのです。

最初は美しい貝など、その地域において価値があるとされていたものが使われていたといいますが、入手が難しいために希少価値が生まれた「金」が次第に通貨として使われるようになりました。布1枚の価値が金貨1枚だとしたら、もはや丸太を持ち運ぶ必要も、物々交換で互いのニーズが合致しないという心配もなくなります。ポケットに入る大きさの金貨を1枚渡せば取引は成立です。

ただし、金貨にも不便さはつきまといます。金には偽造や入手が難しいというメリットもありますが、やはりその重さに目をつぶることはできません。

そして、考えられたのが紙幣や金を含まない硬貨でした。コストや重さを抑えることには成功したものの、便利さにリスクはつきものです。あまりに手軽に通貨を生み出すことができるようになったため、権力と結びついて大量の紙幣が過剰発行されることもありました。権力者の欲望のままにインフレになってしまってはたまったものではありません。

そこで、通貨と金を交換できる金本位制の登場です。基本的には国が保有する金以上に通貨を発行することができないため、頻繁にインフレが起こることも防ぐことができます。

最初に紙幣と金を交換できる金本位制を確立したのはイギリスで、その歴史は１８１６年にまで遡（さかのぼ）ります。その後、金本位制はヨーロッパの他の国々にも広がりを見せ、19世紀末には日本を含む多くの国々で導入されました。

１９４４年には、アメリカのニューハンプシャー州のブレトンウッズに44ヵ国が集まり、「ブレトンウッズ協定」を締結。これによって、米ドルを基軸通貨とするブレトンウッズ体制が誕生しました。当時のアメリカの圧倒的な経済力を基盤にして、金１オンスと35ドルを交換できることが定められ、各国の通貨の価値がドルおよび金と連動する仕組みとなりました。

しかし、１９７１年に、当時のニクソン大統領から米ドルと金の交換停止が突如として発表されました。いわゆる「ニクソンショック」です。１９６５年に始まったベトナム戦争や貿易赤字の拡大で、もはやアメリカは米ドルと金の交換体制を維持できなくなっていました。

こうして金によって通貨の価値が担保されていた金本位制の時代の幕は閉じ、世界は管理通貨制度へ移行していきます。各国の通貨の価値は、国が所有している金の量ではなく、その国の政治力や経済力、つまり「信用」を根拠にするシステムになっていったのです。自国経済や世界経済に大きな影響を及ぼさないためにも、通貨の発行量は国が厳密にコントロールするようになり、通貨は国が価値を保証するものへと変化を遂げました。

民間企業によって引き起こされた金融危機

２００８年に発生した世界金融危機を覚えているでしょうか。この世界を揺るがした一大事件は、「信用」のおける機関とされていた大組織の限界を露呈させる出来事でもありました。

２００８年９月９日、アメリカ大手証券会社であるリーマン・ブラザーズの格付けが引き下げられるという発表がなされました。なぜなら、サブプライムローン関連で大きな損失を出す可能性があったからです。それにより、同社の株価は60ドル台から４ドル台まで急落。

そして、同年9月15日、リーマン・ブラザーズは経営破綻を迎えます。ウォール街を代表する大手証券会社が、6130億ドルという史上最大の負債額を抱えて倒産したことは、世界中に大きな衝撃を与えました。

次いで、9月16日には同じくサブプライムローン問題などで収支悪化が続いていた、アメリカ最大手保険会社AIGがFRB（米連邦準備理事会）による850億ドルの資金供給を受けました。他にも、大手投資銀行メリル・リンチがバンク・オブ・アメリカに買収されるなど、次々と信用不安が広がっていきます。

世界恐慌を招きかねない事態にアメリカ政府も黙っているわけにはいかず、同年10月には約7000億ドルもの公的資金投入を盛り込んだ金融安定化法を成立させます。

ヨーロッパ各国も、対応に追われたことは言うまでもありません。フランスでは政府が2008年10月から、BNPパリバなどを含む大手銀行6行に対して合計215億ユーロの資本注入を行い、翌2009年にはドイツでも住宅金融大手のハイポ・リアル・エステートが国有化されました。また同年、イギリス政府が大手銀行RBSとロイズ・バンキング・グループに対して、312億ポンドの公的資金注入を発表しています。

しかし、各国政府のこの対応には批判も集まりました。本来ならば国の予算は、国民生活の向上や社会インフラの整備など、公共のために使われるべきものです。それを、莫大な資金を有する一企業がビジネスで失敗したからといって、多額の税金を投入する必要があるのかという疑問が、世界中の人々の間に大きく渦巻いていたのです。

大組織による管理の欠陥

大きな組織が通貨を管理しているからこその安全性や安心感というものが存在していることは事実です。

現在、日本で日々使われている日本円という法定通貨は、その価値の裏付けとして日本という国が存在し、政府によって指定された日本銀行が発行や管理を担っています。

例えば、日本銀行は１０００円札や１万円札などの紙幣を製造し、流通している紙幣の偽造の有無もチェックしています。また、偽造されないような特別な処理を紙幣に施すのも日本銀行です。そして、通貨の発行量をコントロールするのも役割の一つ。政策や景気の動向をふまえつつ、日本円の価値が激しく上下しないように発行量を調整しています。

民間銀行も国民や企業の資産を管理できる場所として機能しています。銀行口座に預けているお金も、預け先の銀行側が盗まれないように管理しているからこそ、預金者も安心して口座にお金を置いておくことができています。

しかし、このような大きな組織が突然機能しなくなってしまったらどうなってしまうでしょうか。国がなくなれば通貨もなくなり、日本銀行が機能しなくなれば貨幣の発行や発行量の調整もできなくなる可能性が出てきます。

民間銀行の倒産も大きな影響を与えるのは言わずもがなです。一般的な預金口座に預けている資産は、1000万円までしか保護されません。それを超えた分は、破綻した銀行の財産状況によって対応が異なり、全く戻ってこない可能性もあります。銀行が倒産なんて考えられないかもしれませんが、世界金融危機のことを思い出してください。決して非現実的なことではないのです。

信頼できる大組織が全てをコントロールする中央集権的な構造というのは、何も問題が発生しない限りにおいては非常に心強い一方で、大きなトラブルに見舞われた際の被害は計り知れません。

中央から解放された通貨

サトシ・ナカモトは国や金融機関の「信用」によって運営される通貨システムに限界を感じていたのでしょう。世界中に金融危機が吹き荒れる２００８年10月に発表した論文のなかで、「信用ではなく暗号化された証明に基づく電子取引システム」というものを提案しました。まさに、この「信用ではなく暗号に基づく通貨」こそがビットコインなのです。

ビットコインは、大きな権限をもつ組織や人間、データを管理する巨大なサーバーから解放された通貨です。その思想は以下の３点に集約できます。

①管理する中央組織が存在しない
②中央サーバーが存在しない
③形が存在しない

① 管理する中央組織が存在しない

ビットコインには中央銀行のように通貨を集中的に管理する組織は存在しません。その供給量はシステムによってあらかじめ決められており、マイニングという作業（詳細は第2章）によって約10分ごとに一定量が発行されていく仕組みになっています。

また、過剰供給を防ぐために、およそ4年に1度コインの発行量が半分になるように設定されています。ちなみに、ビットコインが公開されたばかりの2009年当時の発行量は1度のマイニングにつき50BTCです。2012年には25BTC、2016年には12・5BTCまで減少しています。

② 中央サーバーが存在しない

多くの方が不安になるのがビットコインのデータ管理でしょう。結論から申し上げると、ビットコインに決まった管理者は存在しません。

ほとんどの金融機関は利用者の膨大な情報を扱うために、大きなサーバーを用意し、決められた管理者のもとで運用しています。しかし、そのサーバーに何かしらのトラブルが発生した場合、利用者が自らの口座情報にアクセスできないなど大規模障害が発生する可能性もゼロではありません。

一方で、ビットコインは情報を集中的に扱う場所が存在しません。代わりに、世界中にビットコインの情報を記録するためのパソコンやサーバーが点在しています。これは、ビットコインの思想に共感したユーザーがボランティアで提供するもので、その数は２０１９年現在、約１万個にも及びます。

全ての取引記録はコピーを取られ、それらのパソコンやサーバーなどにそれぞれ保管されることになっています。つまり、情報を一括で管理する大きなサーバーが不要な管理システムになっているため、サーバーダウンによって取引不能に陥ることもないということです。

仮に、１万人でビットコインの取引記録を管理していたとして、数百人のパソコンに不具合が発生してもビットコインの取引には何ら影響はありません。他の参加者の正常な取引記録さえあれば、正常に取引を続けることができます。

③ 形が存在しない

なによりビットコインには形がありません。1万円札や100円玉などの通貨は感触を確かめることができますが、言ってしまえばビットコインは単なるデジタル上の数字に過ぎません。リアルな通貨のようにお財布に入れて管理することができないので、「ウォレット」というネット上の銀行口座のようなもので管理することになります。

「電子マネーと何が違うの？」と思った方もいるかもしれません。スイカやパスモといった電子マネーは、お金がデジタル化されているという点で仮想通貨と共通しているのは確かです。

しかし、電子マネーは他の利用者に対して、自分のチャージ金額のいくらかを送金するといった機能はありません。その点、ビットコインでは自らが保有するコインを他の利用者に送金することが可能です。

なにより根本的な違いがあることを忘れないでください。これらの電子マネーにも中央管理者が存在しています。スイカであればJR東日本という鉄道会社が中央管理者であり、もし企業がなくなってしまえばスイカ自体もなくなってしまうかもしれません。

このようにビットコインは、今までの通貨では当たり前だった大きな組織、大きなシステム、かさばる形といったものとは、正反対の特徴を持っている画期的な通貨として当初は受け入れられました。

取引所マウントゴックスを設立するまで

トレーディングカードの交換所の予定だった

私自身、サトシ・ナカモトの考えやビットコインそのものに大きな興味を持っていたものの、実は最初にマウントゴックスという会社を始めたのは私ではありません。

もともとジェド・マカレブという人物が、マジック・ザ・ギャザリングというトレーディングカードのオンライン取引所を作ろうとスタートさせたのがマウントゴックスでした。そのため、会社名も「マジック・ザ・ギャザリングのオンライン交換所」を意味する「Magic The Gathering Online eXchange」という英語を略して「ＭＴＧＯＸ」。

しかし、結局カードの交換事業は行わず、彼はビットコインの取引所事業に専念することにしたそうです。

最初は、世界中を探してもマウントゴックスくらいしかビットコインの取引所がなく、しかもアメリカ国内だけのサービスでした。ごく一部の人間しかビットコインを知らなかった時期ということも重なって、最初はなんとか彼だけでも対応できていたようです。

私が彼と連絡を取るようになったのは、ティバンがビットコイン決済にいち早く対応したことがきっかけでした。仮想通貨界隈（かいわい）の人間とも頻繁にコンタクトを取るようになっており、ジェド・マカレブもその一人だったのです。

ティバンがマウントゴックスを譲り受ける

２０１１年１月、私はジェドからある話を持ちかけられました。「マウントゴックスの事業を引き継いでほしい」というのです。そのとき彼からは、「もはや一人ではマウントゴックスの事業に対応できない状況にある」とも説明されました。

徐々にユーザーが増えていくなかで、システムメンテナンスやユーザー対応に追われ、彼だけではパンク寸前だったのでしょう。

非常に興味が湧きましたが、私もティバンを設立してからまだ1年あまりしか経過していない時期です。会社を買収する資金を新たに捻出する余裕はありませんでした。仕方なく断ろうとすると、彼はこう言いました。

「マウントゴックスを、さらに大きく発展させてくれるような優秀な技術者に譲りたいと思っている。株の一部を与えてくれるならば無償で構わない」

思ってもみない提案でした。理由がなんであれ、ビットコインの取引所が買収資金なしで手に入れられる幸運は滅多にありません。２０１１年3月に私はマウントゴックスのビットコイン事業を譲り受けることにしました。

その後、２０１１年8月に株式会社ＭＴＧＯＸを設立。２０１２年4月1日には正式にサービスの提供を始めました。

心機一転の意味も込めて、会社名の表記も少し変更しました。ビットコインの値動きが「山」に似ているからという理由で、「MTGOX」というサイトの名前を、山を意味する「Mt.」に変更して「Mt. GOX」としたのです。

まさか、後になって山があれほどの大きさになるとは、このときはまだ全く想像していませんでした。

ビットコイン価格が跳ね上がった!

ビットコイン・ピザ・デー

仮想通貨は、突き詰めれば単なるデジタルの数字でしかないということは先ほど述べました。にもかかわらず、ビットコインをはじめとする仮想通貨には価格がつき、時に大きく値上がりすることすらあります。一体その価値はどこから生まれているのでしょうか。

例えば、日本円という法定通貨の場合、日本という国の信用によってある程度の価値が裏付けされています。そのときの政治や経済の状況によって日本の信用は変化していき、経済が好調などのプラス材料が増えれば、日本円の価値は上がっていきます。反対に、政情不安や景気後退などのマイナス材料が増えると、日本円の価値も下がっていきます。

一方で、仮想通貨に価値の裏付けはありません。簡単に言ってしまえば、多くの人間が「価値がある」と信じればその価値は上がり、「価値がない」と判断すれば価値が下がるということです。もとより通貨というものは根拠ではなく信用で成り立っている側面があることは事実ですが、特に仮想通貨は中央管理者がいないために、その価値はより一層人々の心理に依っています。

今でこそ仮想通貨の代名詞とされているビットコインも、２００９年の公開当時は決済にも使えるという点を一部のプログラマーたちが面白がっていたに過ぎませんでした。少なくとも２０１０年までは投資目的で所有していた人間は非常に稀で、ある種のおもちゃのような感覚で所有していた人間が大半です。

２０１０年5月22日には、ビットコイン界隈である有名な出来事が起こっています。フロリダ在住のプログラマーがピザ2枚と1万ＢＴＣの取引を持ちかけ、実際に取引が成立したのです。この日は、ビットコインが現実世界で初めて取引に使われた記念すべき日とされ、今でも「ビットコイン・ピザ・デー」として毎年祝われています。

現在の1万ＢＴＣが日本円で約62億円ということを考えると、非常に馬鹿げた取引に見えるでしょう。しかし、当時の１ＢＴＣの価値は1円にも満たないもので、たとえ1万ＢＴＣでもピザ２枚との交換ぐらいが妥当だったのです。それだけ注目する人間も少なかった時期でしたが、この小さな取引がビットコインにとっての大きな第一歩となったことは間違いありません。

タイム誌で取り上げられる

２０１１年3月にマウントゴックスの事業を譲り受けた当初、ビットコインのユーザー数は３０００人ほどでした。もちろん会社自体は徐々に成長していましたが、まだまだ一部の技術者の間で話題になっていた程度です。このくらいのユーザー数ならば自分一人でも十分対応できると考えていました。

とりあえず担当弁護士とともに金融庁とのやり取りも始めてはいたものの、そもそもビットコインが金融庁の担当になるかも分からないような状態です。弁護士からも「担当省庁も分からない段階では、日本人のお客さんはできるだけ少ないほうがいい」とアドバイスされたこともあり、まずはできることから少しずつ取り組むことにしました。

その一つがプログラムの改善です。元々マウントゴックスは、ジェドが自らプログラムを組んで、個人で運営をしていたサービスです。譲り受けてみると、改善しなければならないプログラムがたくさんあることに気がつきました。

しかし、プログラム改善に本腰を入れようとしていた矢先、思わぬ事態が発生します。

２０１１年４月のタイム誌でビットコイン特集が組まれたのです。今でもインターネット上では「Online Cash Bitcoin Could Challenge Governments, Banks」というタイトルの記事を確認することが可能で、和訳するならば「ビットコインは政府や銀行に挑戦するのか？」となるでしょうか。ビットコインという新たな電子通貨が登場したことを紹介する内容で、非常に画期的なコンセプトであると書かれています。

その結果、それまで1ＢＴＣあたり1ドル弱だったビットコインの価格は急激に伸びていき、２０１４年６月には30ドル超の値がつきました。今に比べると価格こそ高くはありませんが、価値としてはおよそ30倍に膨れ上がったことになります。

新たな投資チャンスに今まで以上の人間がビットコインに興味を示すことになり、３０００人ほどだったマウントゴックスのユーザー数も３ヵ月でなんと6万人まで増えました。最初のビットコインバブルの到来と言っていいでしょう。

プログラム改善どころではなくなってしまったのは言うまでもありません。私一人ではユーザー対応すらも難しくなってしまったので、２０１１年5月に１人目の社員を雇い、6月にはさらに3人の社員を雇うことにしました。それでもお客さん対応だけで手いっぱいの状態がしばらく続き、目の前の業務に集中するほかありませんでした。

通貨危機とバーナンキ発言

そんななか、ビットコインの価値向上にさらに大きな影響を与えたのが、２０１３年に起きたキプロスの金融危機です。以前からギリシャと結びつきが強かったキプロスは、２００9年以降のギリシャの財政危機によって、国の経済が混乱していました。

２０１３年3月に、ＥＵはキプロスへの１００億ユーロの支援を決めましたが、同時にキプロスには銀行の預金に課税することを求めています。これによって、10万ユーロ以上の預金者からは預金残高の９・９％、10万ユーロ未満の預金者からは預金残高の６・75％を徴収する案が浮上しました。慌てたのはキプロス市民です。大勢の市民が銀行から預金を引き出す騒ぎになり、銀行の預金が封鎖される事態にまで発展してしまいました。最終的には、10万ユーロ未満の預金は保護されることになりましたが、国内二大銀行が扱っていた10万ユーロ以上の預金口座には実際に大幅カットが実施されました。起こるはずがないと思われていた一国の経済危機が現実になった結果、多くの預金者に痛みをもたらしたのです。

キプロスはタックスヘイブンの地としても知られています。

多くの富豪たちがキプロスに資産を預けていましたが、銀行の預金封鎖が実施された際に、彼らは多くの資産をビットコインに移しました。中央管理者が存在する限り自己資産を没収されるリスクが付きまとうだろうと考えた富豪たちは、資産の逃避先として中央管理者が存在しないビットコインを選んだのです。次第にビットコインの存在を知らなかったキプロス市民たちも、政府のコントロールの及ばない

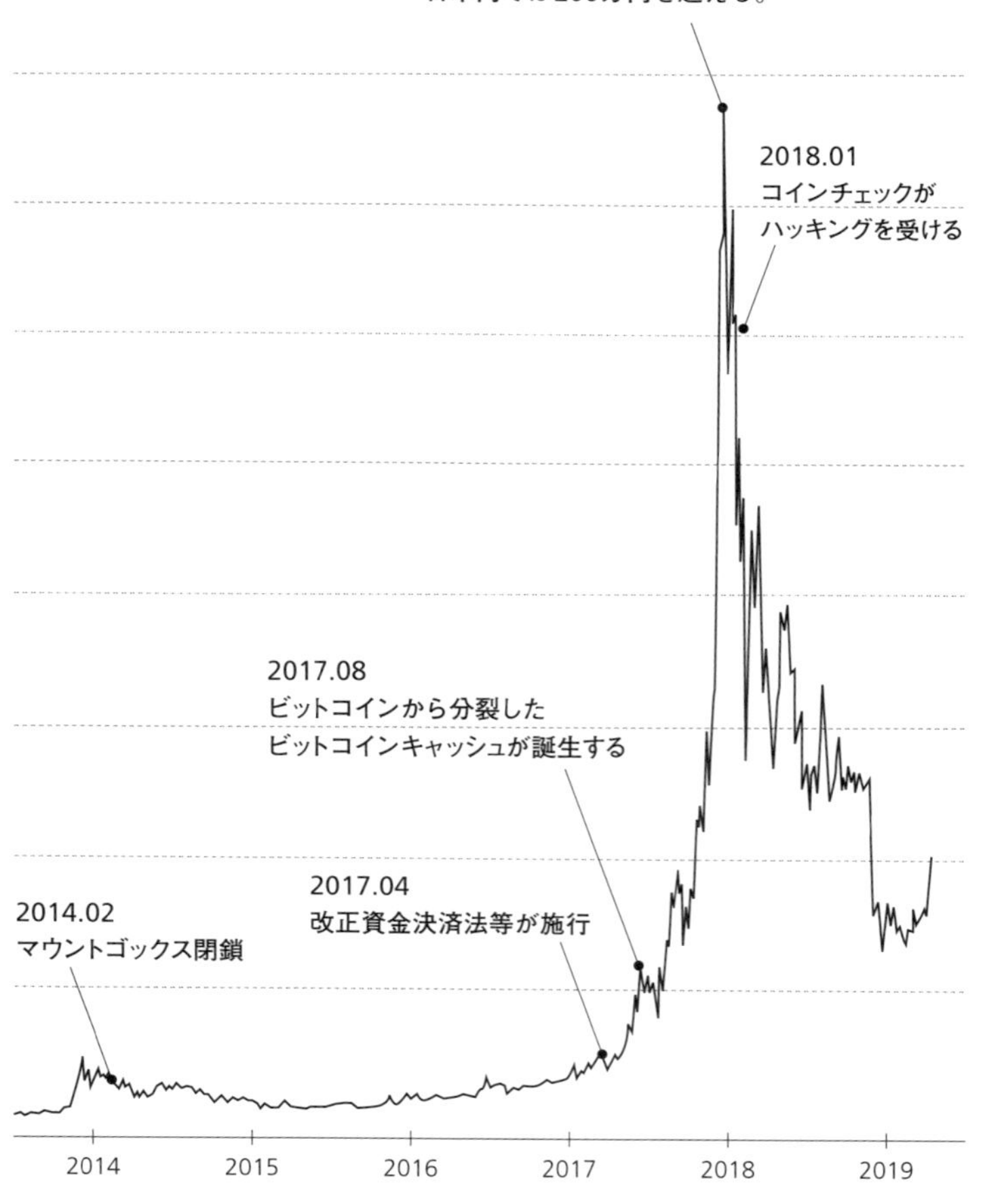
2017.12
2万ドルに迫る史上最高価格を記録。
日本円では200万円を超える。
2018.01
コインチェックが
ハッキングを受ける
2017.08
ビットコインから分裂した
ビットコインキャッシュが誕生する
2017.04
改正資金決済法等が施行
2014.02
マウントゴックス閉鎖
2014
2015
2016
2017
2018
2019

これまでのビットコインの相場

新たな通貨の存在に気がつき、さらにビットコインへ多額の資金が流入することになりました。

その結果、ビットコインの価格は急騰することになります。2013年3月半ばに50ドル目前だったビットコインの価格は、4月に入るとおよそ5倍の240ドル近くまで上昇を見せました。

さらに価格を押し上げたのはFRBのバーナンキ議長(当時)の発言です。2013年9月に、上院に宛てた書簡で、ビットコインに対して「リスクはあって注視は続けていくが、より早く安全で効率的な決済システムが促進されていくならば長期的に有望である」といった肯定的な発言をしたのです。

その事実が明らかになった2013年11月には、それまで100ドル強だったビットコインの価格が、1000ドル以上に跳ね上がっています。

こうして、プログラマーのおもちゃに過ぎなかったビットコインは、一国の中央銀行トップが言及するまでにその存在感を高めていき、さらに多くの投資目的の人間を惹きつけていきました。ただ、多くの人々が価値を認めていたのは、未来の通貨としてのビットコインではなく、投機の対象としてのビットコインだったことは言うまでもありません。

ユーザー数が１００万人を突破

ビットコインの価値が上昇するにつれて、ビットコインを得るためのマイニングも難しくなっていきました。さらに、マウントゴックスのような仮想通貨取引所も増えていった時期です。ビットコインを手に入れたい人たちは、マイニングではなく、取引所を通して買ったほうが手軽だと考えるようになっていきます。

そのような状況も追い風となり、マウントゴックスは驚異的な速度でユーザー数を増やしていきました。特に、キプロス危機やバーナンキ発言のあった２０１３年からは、毎月10万人ずつのユーザー増加を記録。２０１１年の合計ユーザー数が10万人だったことを考えると、まさに爆発的な成長であったことは間違いありません。

ちなみに、マウントゴックスは「最終的に世界の7～8割のビットコインを取り扱うようになった」と説明されることがありますが、少し誤解があります。もともとマウントゴックスしか取引所がなかったので、最初のシェア率は１００％だったのです。徐々に他の取引所も増えていった結果、シェア率100%から少しずつ下がっていったというほうが正しい表現でしょう。

2014年にはユーザー数が100万人を突破、売上は40億円に達していました。好調すぎて恐ろしいほどの時期ですが、その後に人生を一変させるような出来事に私が巻き込まれることになるのは、多くの人が知るところです。

突然の逮捕とその後の裁判

記者会見

2014年2月28日、私は普段のカジュアルな服装ではなく、慣れないスーツを着ていました。予約を取ってあるビルの一室の扉を開くと、生暖かい空気が一気に押し寄せてきました。同時に、大量のカメラのフラッシュ。多くの報道陣が私の到着を待ちわびていたようです。

長机の前に立ち、私は報道陣の前でゆっくりと頭を下げました。しかし、言おうとしていた言葉が全く出てきません。頭が真っ白になってしまったのです。何も言えないままに頭を上げてから、ようやく口から言葉が出てきました。

「ビットコインがなくなってしまい本当に申し訳ない」

拍手のようなフラッシュ音とともに、再び部屋が真っ白になるくらいのフラッシュがたかれました。これが、何かの偉業を成し遂げた際の記者会見だったならば、どんなに良かったことでしょうか。しかし、そうではありません。

マウントゴックスに預けられていたビットコインが消失してしまったのです。私は事件の経緯と会社の今後を説明するために記者会見を開きました。

消失の原因はハッキングです。何者かに取引所のシステムのバグを突かれ、合計で85万ＢＴＣ（当時約４８０億円）を盗み出されてしまいました。今でも、当時の顧客の方々には申し訳ない気持ちでいっぱいです。ハッキングによって一気に債務超過に陥ってしまったマウントゴックスは、民事再生法の適用を申請するほかありませんでした。

被害にあわれた顧客のためにも真相を解明しなければいけません。私は接続履歴など犯人につながる可能性のある資料を全て提供するなど、日本とアメリカの警察に全面的に協力しました。外部からの不正アクセスの可能性が高いと判断され、同年7月には本格的な捜査が始まりました。

警察からの電話

今でも忘れられないのが2015年8月1日です。早朝5時ごろに一本の電話がかかってきました。電話の主は警察。「これから自宅に伺います」という連絡でした。

警察が自宅へ到着して間もなく、私は荷物を詰めるなど出発の準備を始めました。なにせ初めてのことなので不安しかありません。心ここにあらずという感じで、時間だけが過ぎていきました。

そして、遂にその時がやってきます。一瞬金属の冷たさを感じたかと思うと、すぐに私の手首は自由が利かなくなりました。逮捕の瞬間です。

どうしてこんなことになってしまったのか、いくら考えても分かりませんでした。理解できたのは私が逮捕されたという事実だけです。

すでに、1週間前から嫌な予感はしていました。当時の自宅周辺には報道陣が集まり始めていて、どうにかして私や関係者から話を聞き出そうと必死だったからです。しかも、その数は日に日に増えていきました。

何かおかしな事態となっていたのは一目瞭然。そして、7月31日の日本経済新聞の朝刊には次のような見出しが躍りました。

「ビットコイン、社長立件へ　取引所破綻　口座不正操作の疑い」

私が取引所システムに対する不正操作を行い、口座の現金残高を改ざんしたというのです。

立件前の事件を新聞が報じるという驚きもさることながら、私自身が逮捕されることへの驚きはそれ以上でした。ただ、これで報道陣が集まっていたわけも理解できました。すでに私が逮捕されるという事前情報が伝わっていたのでしょう。

逮捕の当日、警察に連れられて家の外へ出ると、100人近い報道陣が集まっていました。自宅前は非常に道が狭かったこともあり、集まる記者との距離は体が触れ合うほど近いものでした。

今にも摑みかかってきそうな勢いで何かを質問してくる記者。それを必死に制止する警察。警察の車に乗り込むまではその繰り返しでした。質問はよく聞こえませんでしたが、その凄まじい形相はよく覚えています。

逮捕当日の8月1日には、他のメディアも一斉に私の逮捕を報じました。

納得のいかない逮捕

警察は、私電磁的記録不正作出・同供用の容疑で私を逮捕しました。ごく簡単に説明すると、私電磁的記録不正作出・同供用とは、電子データを不正に作り出したり、改変したりして、会社の事務を阻害する行為のことです。マウントゴックスで管理していた銀行口座や顧客のビットコイン残高を、私が不正に操作していたというのが警察の見立てです。

これ以外にも、同年8月21日には、顧客からの預かり資金約3億1500万円を使用したとして業務上横領の容疑が、さらに10月28日には顧客からの預かり資金2000万円を着服したとして、別の業務上横領の容疑が追加されました。その後検察は、弁護側の反論等を踏まえると顧客の資金の横領ではなかったかもしれないとして、予備的に特別背任罪などの訴因が加えられることになります。

そして、２０１７年７月11日に東京地裁で初公判が開かれ、２０１８年12月12日の公判では検察側が私に懲役10年を求刑しました。

実は、初公判の２週間後、一人のハッカーがギリシャで逮捕されています。男の名前はアレクサンダー・ヴィニック。ロシアの仮想通貨取引所BTC-eの運営者でしたが、アメリカで約40億ドルのマネーロンダリングを行った罪で、滞在先のギリシャで逮捕されました。他にも、フランスとロシアからも身柄の引き渡し要請が出ています。

ヴィニック容疑者の身柄引き渡しを要請しているアメリカ検察官の起訴状には、ヴィニック容疑者によってマウントゴックスから数十億ドル規模のビットコインが盗まれたこと、盗まれたビットコインのうちの約53万ＢＴＣが仮想通貨取引所BTC-eへ送られた事実が記載されています。

それまでも、世界中の優秀な技術者たちがマウントゴックスから消失したビットコインの行方を追ってくれていました。その結果、破綻の原因が外部からのハッキングによるものだったことが判明しています。

ビットコインは、法定通貨と異なり、送金の流れをパソコンで追うことができます。マウントゴックスから大量に消失したビットコインを追ってみると、たどり着いたのはヴィニック容疑者に関係するウォレットだったのです。

さらに、有志の調査によって、2011年9月の時点ですでにヴィニック容疑者はマウントゴックスのホットウォレットのプライベートキーを盗み、ハッキングがバレないように少しずつ抜き取っていたことが分りました。

つまり、世界の優秀な技術者たちの認識では、このアレクサンダー・ヴィニックこそが真犯人であるということが確実となっているわけです。

だからこそ、私は自身が逮捕されたことに納得がいきません。ヴィニック容疑者の逮捕を考慮することなく、私は犯してもいない罪について延々と責められ続けたのです。

遅すぎた無罪判決

2019年3月15日、ついに判決の日が訪れます。結果は、業務上横領罪および特別背任罪が無罪、私電磁的記録不正作出・同供用罪が懲役２年６ヵ月の執行猶予４年というものでした。

全面的には納得していませんが、事実上の勝利であると認識しています。不正により個人的な利益を図ったか否かについては、完全に無罪とされたからです。法律に詳しい方々からは、判決の結果が求刑（懲役10年）の４分の１というような場合、検察側は控訴するのが当然だと聞かされました。しかし、今回の裁判で検察は控訴を諦めています。このような潔い判断をしたことは、検察の健全性を示すものだと感じました。

より詳しくお話しますと、検察側は私がマウントゴックスを私物化し、３億１５００万円と２０００万円の不正な送金があったと主張していましたが、これは完全な誤りであったことが証明されました。

３億１５００万円の送金をしたことは事実です。しかし、それは会社の事業領域を広げるための投資資金でした。私は仮想通貨以外の利益の柱を作るため、ＣＧ制作ソフト事業を展開する企業を３億１５００万円で買収しただけです。

また、２０００万円の送金についても、私は何ら隠し立てすることなく、担当の公認会計士に相談したうえで、会計士により貸付金として適切に処理されていたものでした。したがって、この送金も何ら違法性はありません。

ただ、執行猶予付きとはいえ、私電磁的記録不正作出・同供用罪が有罪となってしまったことは非常に残念です。私は顧客の利益を守るために必要な措置を行っただけであり、己の利益のためにデータを改ざんした事実は一切ありません。

すでに述べた通り、マウントゴックスの事業はジェド・マカレブという前運営者から無償で譲り受けたものでした。実は、私が業務を引き継いだ時点で、実際の保有資産とシステム上の残高には乖離（かいり）が生じていました。取引システムのアカウント上に記録されているビットコイン残高よりもブロックチェーン上の保有ビットコイン残高が少なく、なおかつ取引システムのアカウントに記録されている残高よりも預金などの保有残高が少なかったのです。当時、私はそのような事実を知る由（よし）もなく、ジェドから事業を譲り受けた後になって発覚しています。まさに、「タダより高いものはない」という日本のことわざは、このようなことを指すのでしょう。私はあまりにも世間知に乏（とぼ）しく無邪気だったのです。

ビットコインの乖離は合計で８万ＢＴＣ。まっ青になってすぐにジェドに相談すると、「オブリゲーション交換」の実施をアドバイスされました。これは、ビットコインの負債を米ドル負債に移すことで、会社の負債ポートフォリオを改めて適切に管理するための方法です。要するに、取引システム上とブロックチェーン上の金額の乖離を少なくするために、ビットコインを買い増すことを意味しています。

乖離の事実が発覚した２０１３年は、ちょうどビットコインが上昇トレンドに突入していた時期でした。私及びマウントゴックスには顧客へ円滑なサービスを提供する責任があり、万が一の際に残高の乖離によって顧客へ損害を与えることはできません。そこで、私は２０１３年2月14日にオブリゲーション交換を実施しました。

検察側はこのオブリゲーション交換について、私が会社の事務処理を誤らせるためにデータを不正操作したのであり、私電磁的記録不正作出にあたると主張していますが、顧客の利益を守るために行った行為にほかなりません。この経緯を知っていただけたら、あくまで形式上の有罪判決であったことがご理解いただけるのではないでしょうか。

マウントゴックス破綻事件解決のために

日本の捜査機関は、マウントゴックスの破綻について、破綻の原因をつくった真犯人を解明するために捜査を開始しました。しかし、ビットコインの消失に私がかかわっている証拠はありませんでした。

当然のことですが、自らの力で世界最大の仮想通貨交換所に育て上げた、いわばかわいい我が子のような取引所を、私が自ら破壊するはずがありません。もしどうしても巨額のお金が欲しければ、取引所を売れば良いわけで、わざわざ非難の矢面にたつような大騒動を自ら引き起こすはずがありません。破綻の原因をつくったのは、私以外の第三者なのです。

ところが、マウントゴックスの破綻の捜査のしめくくりとして、被害者であった私が、まことに悲しむべきことに、マウントゴックスの破綻とは関係ない嫌疑で逮捕されてしまいました。

このような成り行きは、とても残念なことです。しかしながら、ビットコイン消失の真犯人を突き止める捜査を行うためには、どんどん痕跡を消してゆく犯人を追いながら、限られた時間のなかで、膨大なデータのなかから意味のあるデータを抽出し分析するために高いＩＴ技術を有する人材を登用し、さらに、仮想通貨を含めた世界的な最新の情報を吸い上げながら、真実に迫っていく必要があります。ところが、日本の捜査機関に許容されているＩＴ関連犯罪にかかる予算や人材登用の柔軟性は、諸外国に比べて余りにも乏しいゆえに、現状ではこのようなミッションを実現することは、きわめて困難だったといわざるを得ず、その意味では、あまり日本の捜査機関を責められないところもあるのです。

とはいえ今後、私の身におきたようなことが再び起きないように、そしてまた日本の社会が、本件のような成り行きをみている海外のブラックハッカーの草刈場にならぬように、捜査機関のために私自身が、なにか貢献できることがないかと真剣に考えています。

まだビットコインが消失した原因は完全には解明されていません。しかしながら、私自身はビットコインの消失や会社の破綻を防げなかったことを大変申し訳なく思っています。

現在、マウントゴックスの再生手続きが進められていますが、ビットコインが著しく値上がりしたことから、破産財団は７００億円プラス14万ビットコインという巨額の財団に膨れ上がっており、これを顧客の皆様に分配する措置が順調に進められています。実際の実施にはもう少し時間がかかるかもしれませんが、弁済できないということはあり得ません。

ビットコイン消失によって被害にあわれた顧客の皆様には、大変ご迷惑をおかけしたことを改めてお詫び申し上げます。

裁判が終わった今、一日でも早く顧客の皆様への弁済が進むよう、これからも最大限の努力を払っていくつもりです。

第2章 ブロックチェーンとマイニング

仮想通貨を支えるブロックチェーンという仕組み

記録と共有

仮想通貨を理解するうえで、ブロックチェーンとマイニングの話を避けることはできません。仮想通貨は２０００種類以上あるとされていますが、全て基本的な構造はビットコインが基本となっています。ビットコインにおけるブロックチェーンとマイニングを理解してしまえば、仮想通貨の仕組みの半分以上は分かったも同然です。焦らずにまずは基本を押さえていきましょう。

とても初歩的な質問をします。ビットコインに実体はあると思いますか。

前述した通りで、ビットコインは形のない通貨です。まだビットコインが日本で盛り上がる前、ビットコインのマークが刻まれた大きな金貨をビットコインだと言われて購入したという、嘘か本当か分からない話があるくらいだったので、念のために聞きました。

当然ですが、手渡しでお金を渡すことはできません。そこで利用するのが「ウォレット」という銀行口座のようなものです。自らのビットコインを保管する時も、誰かにビットコインを送金したい時も、基本的にはこのウォレットを通じて行われます。

例えば、太郎さんのウォレットに２ＢＴＣ、マルクさんのウォレットには１ＢＴＣ保管されているとしましょう。太郎さんはマルクさんへ１ＢＴＣを送金することにしました。およそ「10分後」には、無事にビットコインが送金され、マルクさんのウォレット残高は２ＢＴＣとなるはずです。

実は、この「10分」という時間で、ビットコインを語るうえでは欠かせない処理が行われています。世界中のユーザーによってビットコイン取引の「記録」が行われ、最新の記録を世界中にちりばめるように「共有」しているのです。この記録方法のことを「ブロックチェーン」、共有方法のことを「Ｐ２Ｐネットワーク」と呼んでいます。つまり、取引の記録が、世界中に分散されて保管されているから、ブロックチェーンのことを分散型台帳と呼んでいるというわけです。

P2Pネットワークで分散管理

さきほどの例にあった「太郎さんからマルクさんへ1BTCを送金」というリクエストは、操作をしたからといってすぐに実行されるわけではありません。まずは、未承認の状態として、世界中に散らばるビットコインのネットワークへ共有されていきます。

その時に重要な役割をするのがP2Pネットワークです。

P2Pネットワークとは、複数の参加者のコンピュータ同士を網の目のようにつなぎ、同じ情報を分散して共有する方法です。

世界にはビットコインに共感した協力者が自らのパソコンやサーバーを保管場所として提供してくれており、その数はおよそ1万個にも及びます。これらのマシンはそれぞれ最大で8個のマシンとつながっており、そのうち一つが「太郎さんからマルクさんへ1BTCを送金」というリクエストを受け取ると、まるで水に波紋が広がるように他のマシンにも情報が共有されていく仕組みになっています。

つまり、ビットコインの情報は世界中のいたるところでコピーが取られ、大切に保管されているということです。たとえ複数のユーザーの提供マシンが故障して

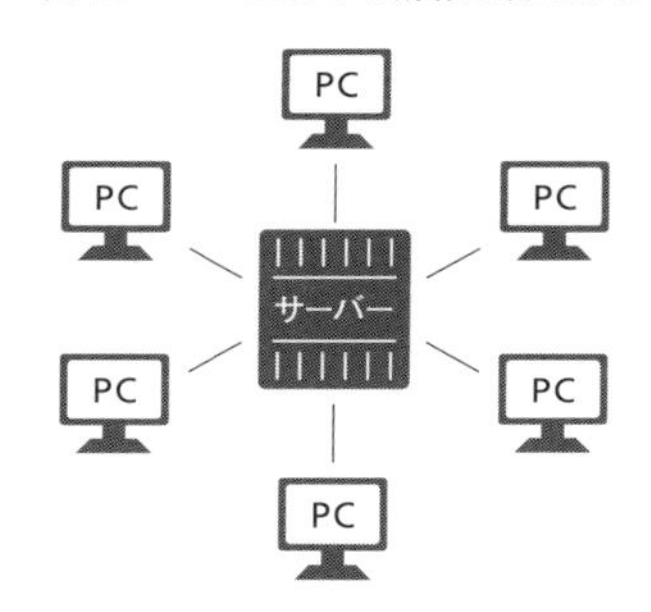
中央管理されたサーバー
中央サーバーが全ての情報を管理する
PC
PC
PC
サーバー
PC
PC
PC

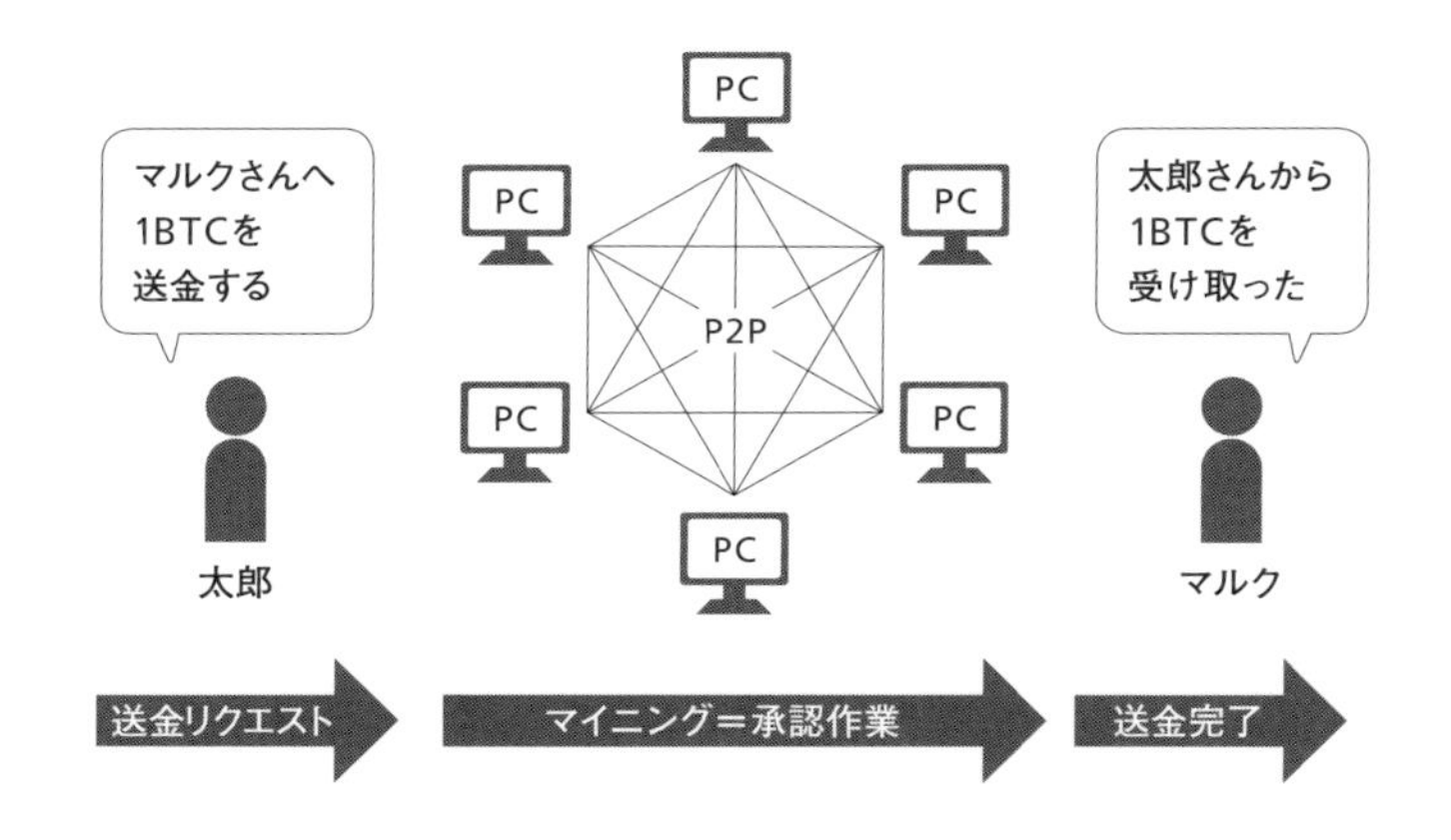
P2Pネットワーク
全てのマシンが同じ情報を共有する
マルクさんへ
1BTCを
送金する
PC
PC
PC
P2P
PC
PC
PC
太郎さんから
1BTCを
受け取った
太郎
マルク
送金リクエスト
マイニング＝承認作業
送金完了

も、残っているマシンが正常であれば、ビットコインは何の問題もなく運用を続けることができます。

また、従来の金融システムのように情報を1ヵ所で集中的に管理することはありません。集中管理を行うシステムの場合、悪意のある管理者が情報を改ざんしてしまえば、誰からも気付かれずに改ざん情報がシステムに反映されてしまう可能性があります。

しかし、P2Pネットワークは、みんなで同じデータを所有するという考え方で成り立っているので、大きな権限を持った管理者は生まれません。もし悪意のある人間がデータを改ざんしたとしても、他のマシンの正しい情報と照らし合わせればすぐに不正が判明します。

ビットコインでは、このようなネットワークを用いることで、世界中のいたるところから送金リクエストが集まり、共有されていきます。そして、だいたい数分の間に1000~2000程度のリクエストが未承認の送金リストへラインナップされていくのです。

ブロックチェーンとマイニング

無事に送金リクエストが積み上がると、今度はブロックチェーンの出番がやってきます。肝心の「記録」の部分を担っている技術がブロックチェーンです。ブロックチェーンはおよそ10分につき一つのペースで、新たなブロックが追加される仕組みになっていて、完成したブロックには承認済みのビットコインの送金情報が記録されています。

各ブロックの内容を書き換えたり、完成したブロックの順番を入れ替えたりすることはできません。まさに各ブロックが一本のチェーンで貫かれたように強固につながることから、ブロックチェーンと表現されているのです。

P2Pネットワークで送金リクエストが共有されたからといって、すぐに送金が実行されるわけではありません。さらに、その送金リクエストを記録し、確定するための膨大な作業が必要となります。

この作業のことをマイニング（採掘）と呼び、それに参加するユーザーをマイナーと呼んでいます。マイナーがせっせとマイニングを行うことによって、送金情報がブロックに記録され、新たなブロックが完成していくのです。

マイナーは、まだ承認されていない送金リクエストのラインナップから好きなものを選び、次々とブロックに入れていきます。ちなみに、一つのブロックに入れることができる送金情報は2000件程度で、必ずしも上限まで入れ込む必要はありません。

準備が整ったらマイニングのスタートです。

まずは、イメージをしやすいようにサイコロ大会を例に説明しましょう。サイコロ大会主催者から次のような発表があります。

「10個のサイコロを一度に転がして、そのうち7個の面を1にしてください」

マイナーはサイコロを振り始めます。お分かりかと思いますが、一度に振った10個のサイコロのうち7個が同じ面になる確率はなかなか低いもので、約4000回振って1度だけです。ですが、条件を満たすべく、マイナーはひたすらサイコロを振り続けなければいけません。

当然、参加するマイナーが増えると難易度も高くなっていき、サイコロ10個のう

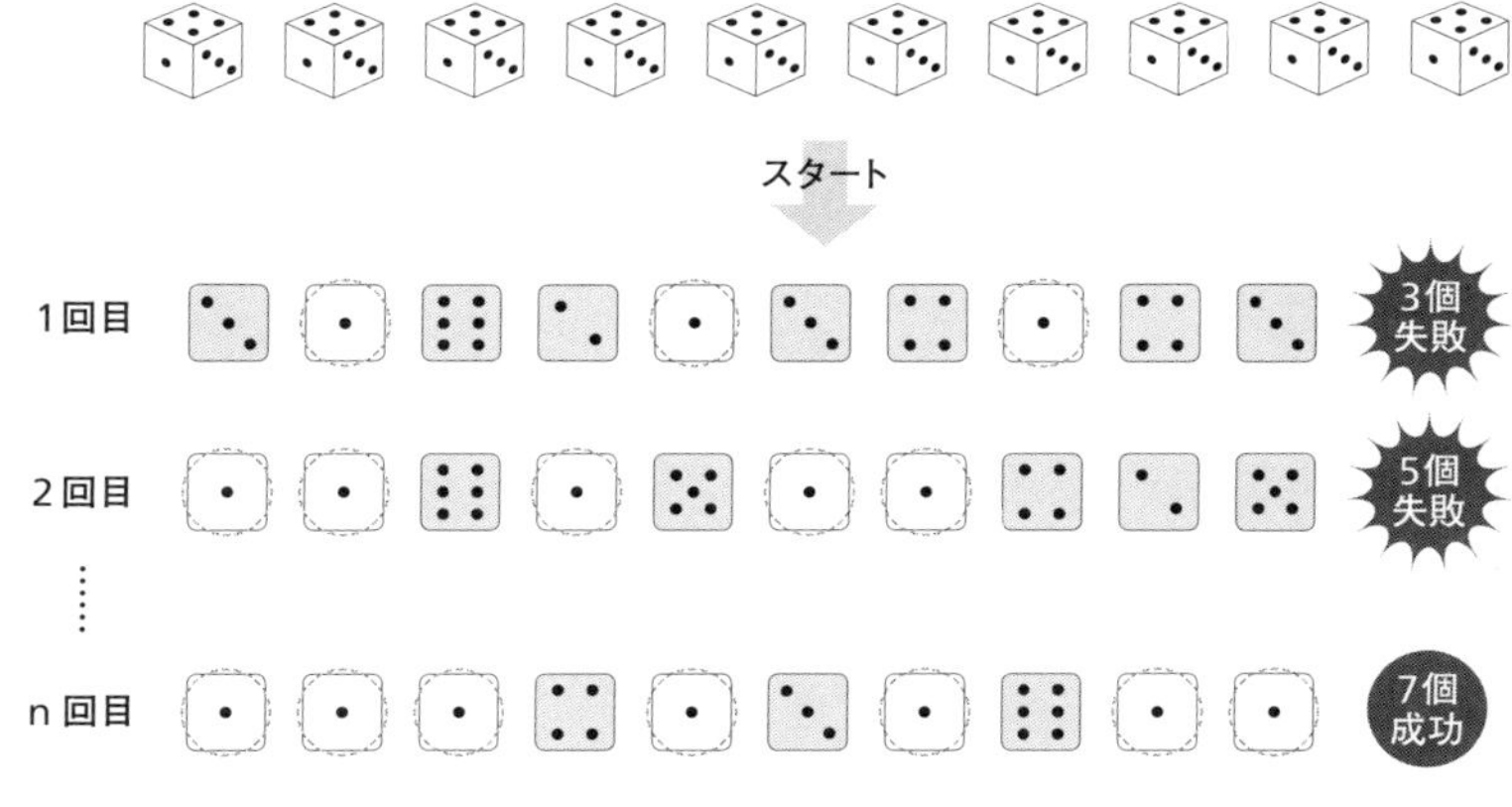

マイニングは10個のサイコロのうち7個を同じ面にする作業に近い

ち7個の面を1にすると成功だったのが、8個、9個と揃えなければいけない数が増えていきます。

膨大な回数を経て、見事に全ての面を1にできたらマイニング成功です。マイナーは自らが作った新たなブロックをブロックチェーンの最新部分にガチャンとつける権利が与えられ、賞金を獲得することができます。

新たに追加されたブロックの情報はP2Pネットワークを通じて世界中で分散管理され、その取引内容はインターネットを利用できる人間であれば誰でも閲覧できる状態になります。

ブロック内に含まれていた未承認の

取引情報は、マイニングが成功し、新たにブロックができた時点で全て承認されます。もしこのブロックに「太郎さんがマルクさんへ1BTC送金する」という取引情報が含まれていれば、ここでやっと送金が実行されることになります。

報酬と流通

なぜマイナーたちは、マイニングという膨大な作業に進んで協力しているのでしょうか。もちろん、ブロック作りが大好きだからという理由で、マイニングをしているわけではありません。

お目当てはご褒美のビットコインです。新たなブロックを作成したマイナーには、マイニング報酬としてビットコインが与えられるルールとなっています。まさに地中から金を掘り出すように、ビットコインをマイニング（採掘）するというイメージです。そして、このマイニング報酬の付与が、同時にビットコインの流通の機能も担っているのです。例えるならば、中央銀行がお札を刷るようなものです。

まだビットコインが開発されたばかりの頃は、報酬として50BTCをもらうことができましたが、その報酬額は2012年には25BTC、2016年には12・5B

ＴＣと、徐々に減少していきます。

どうしてそのような減額処理が必要かというと、インフレが起こるのを防ぐためです。一般的に、通貨の発行量が多くなり過ぎると、通貨の価値が下がることでインフレが発生すると言われています。

ビットコインには、中央銀行のような組織が存在せず、誰もその発行量を任意にコントロールすることはできません。だから、あらかじめプログラムで発行量の半減期を設定することで、自動的に流通量が調整されるようになっているのです。

およそ4年でマイニング報酬の半減期が訪れるとされていますが、正確には21万個のブロックが作られるごとに半減期を迎えるようにプログラムされています。10分に１個のブロックが作られる前提で計算をすると、21万個のブロックを作るためにはおよそ4年を要することになります。このままのペースだと、次の半減期は２０２０年あたりにやってくるでしょう。

２１００万ビットコインが発行された時点で新たな発行はストップすると説明されることがありますが、正確には理論上は、上限に達することはありません。半減期が訪れ続けても、50ＢＴＣ↓25ＢＴＣ↓12・5ＢＴＣ……というように数字が小

ビットコインの流通量と半減期

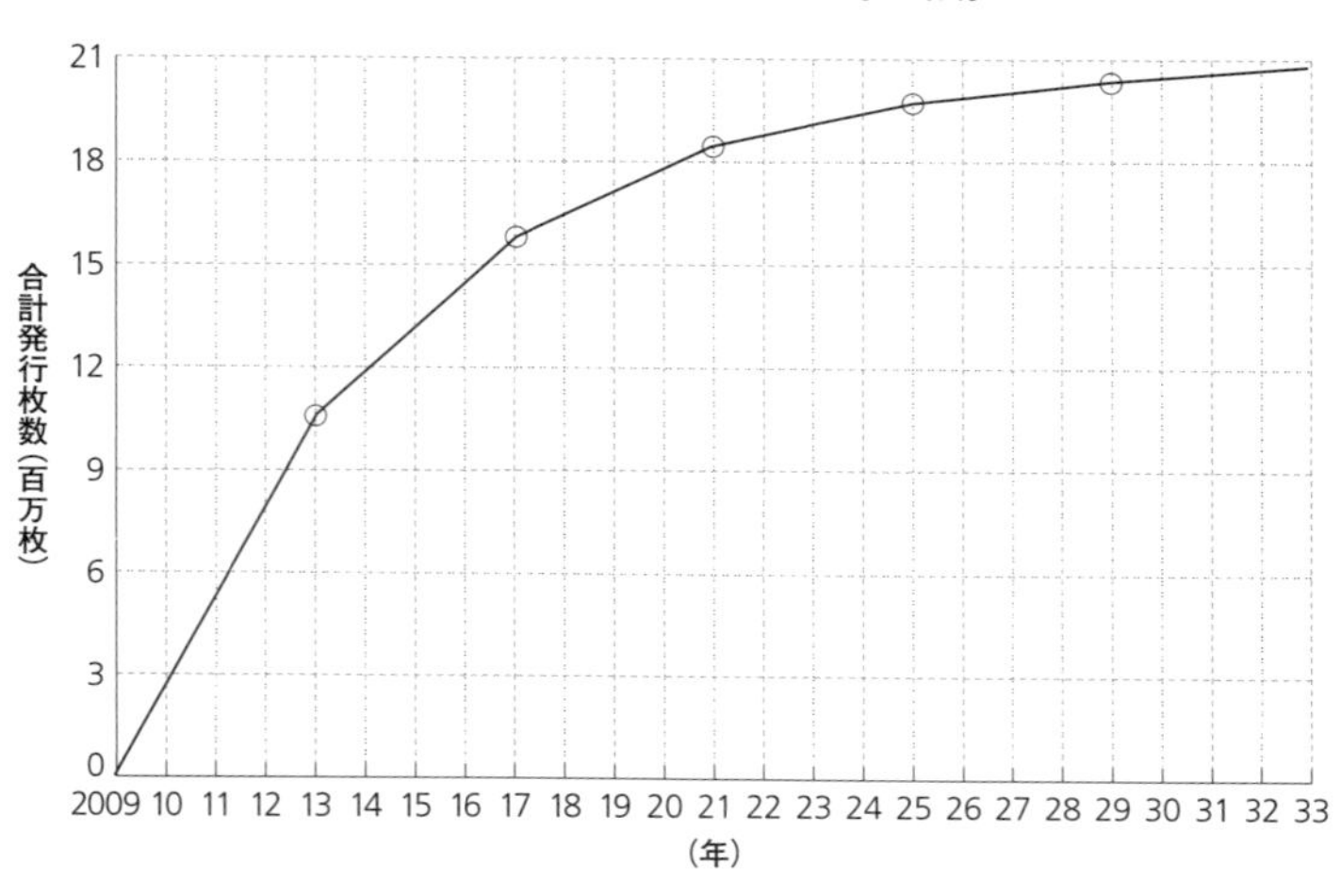

さくなっていき、数学的にいうと2140年以降は発行されないと予想されます。

マイニング報酬の他にも、マイナーには手数料報酬が支払われます。

大半のユーザーはビットコインを送金する際、手数料をプラスで上乗せして払っています。一つのブロックに入れることができる取引データの数は2000件程度。マイニングに成功したマイナーは、そのブロックに含まれる手数料を総取りすることができるルールになっています。

一方で、ユーザーが支払う送金手数料の相場は、送金したいユーザーが多いか否かで決まってきます。送金を希望するユーザーが多い時には、手数料を多めに支払わなければ、そもそもマイナーが送金リクエストをブロックに入れてくれません。

逆に送金の希望が少ない時は、手数料を払わずに送金することすら可能です。時間帯によってもピークは変わってくるので、少しでも安い送金手数料にしたい場合はその時間帯を外すといいでしょう。例えば、多くのユーザーがいるとされるアメリカが寝静まったような時間帯は狙い目かもしれません。

マイニングって何？

ハッシュ関数を知ろう

さきほどはサイコロのたとえで簡単に説明しましたが、ここではより具体的にマイニングについて説明したいと思います。マイニングを理解する上で、必ず押さえておかなければいけないのが「ハッシュ関数」という計算式です。ハッシュ関数には、文字列を入力すると英数字を組み合わせた64桁の文字列「ハッシュ値」を出力してくれるという大きな特徴があります。

例えばハッシュ関数に文字を入れると次のようなハッシュ値が出力されます。

・オス　↓

A45C0F139E2CB48A1050D974FCA5A61E1C128E1F727DD3DB6F540DC24EAC0CB7

出力されたハッシュ値は毎回変化するわけではありません。「オス」という言葉を入力する限りは、毎回同じハッシュ値が出力されることになります。

また、ハッシュ関数には一方通行という大きな特徴があります。そもそも出力されたハッシュ値は規則性がないので、ハッシュ値だけを見ても出力元である「オス」という言葉にはたどり着けません。

次は2つのハッシュ値を比べてみましょう。

・オス　↓

A45C0F139E2CB48A1050D974FCA5A61E1C128E1F727DD3DB6F540DC
24EAC0CB7

・メス　↓

C767E5B58E9E3FA5543D862E19B27AD1AC8ECCB5EF0C75CBAF9032
AA7D50858A

「オス」と「メス」はたった一文字異なるだけの言葉です。それにもかかわらず、全く異なるハッシュ値が出力されていることが分かるでしょう。

実際のマイニング

さて、実際のマイニングでは、どのようにハッシュ関数が使われているのかを詳しく見ていきましょう。

新たなブロックを作成するには3つの情報をハッシュ関数に放り込んで、ハッシュ値を決まった値にしなければいけません。だいたいの場合、新たなブロックを作成する条件として、頭から13~15桁がゼロになるようなハッシュ値を求められます。ゼロの数に幅を持たせている理由は、先ほどのサイコロの例で数が増えたのと同様で、マイナーの数に応じて難易度を調整するためです。マイナーの数が少なければゼロの桁数は少なくなり、多ければ桁数が増えていきます。

このような条件を踏まえ、以下3つの情報をハッシュ関数に放り込みます。

・新たなブロックに記録する未承認の送金リクエスト
・直前のブロックのハッシュ値
・任意の数値

このなかで、新たなブロックに記録する送金リクエストと、直前のブロックのハッシュ値はすでに決定している値のため変更はできません。つまり、変更できるのは任意の数値のみということになります。

出力されたハッシュ値には規則性がなく、決められたハッシュ値を狙って出すための方法論は今のところ存在していません。だから、マイナーたちにできることは、ゼロが13〜15桁続くようなハッシュ値を求めるために、任意の数値の部分をひたすら変えることだけなのです。

サイコロを振るように極めて単純な作業ではありますが、実際のマイニングは人の力では到底答えにはたどり着くことができません。マイナーたちは1秒間に24兆回も計算ができるようなマイニング専用マシンを使って、どうにかマイニングを成功させようと試みます。

ブロックチェーンの「チェーン」

マイニングの過程を見れば分かる通り、ブロックチェーンのブロックには必ず直前のブロックのハッシュ値が含まれています。

もし、新たに100個目のブロックを作るという時には、99個目のブロック情報から算出されたハッシュ値を必ず含むことになります。そして、その99個目のブロックには、98個目のブロックのハッシュ値が含まれています。遡(さかのぼ)って97、96、95、94……。つまり、1個目のブロックから現在のブロックまで、ハッシュ値によって一本の鎖で繋がっている状態なのです。

ブロックチェーンのイメージ

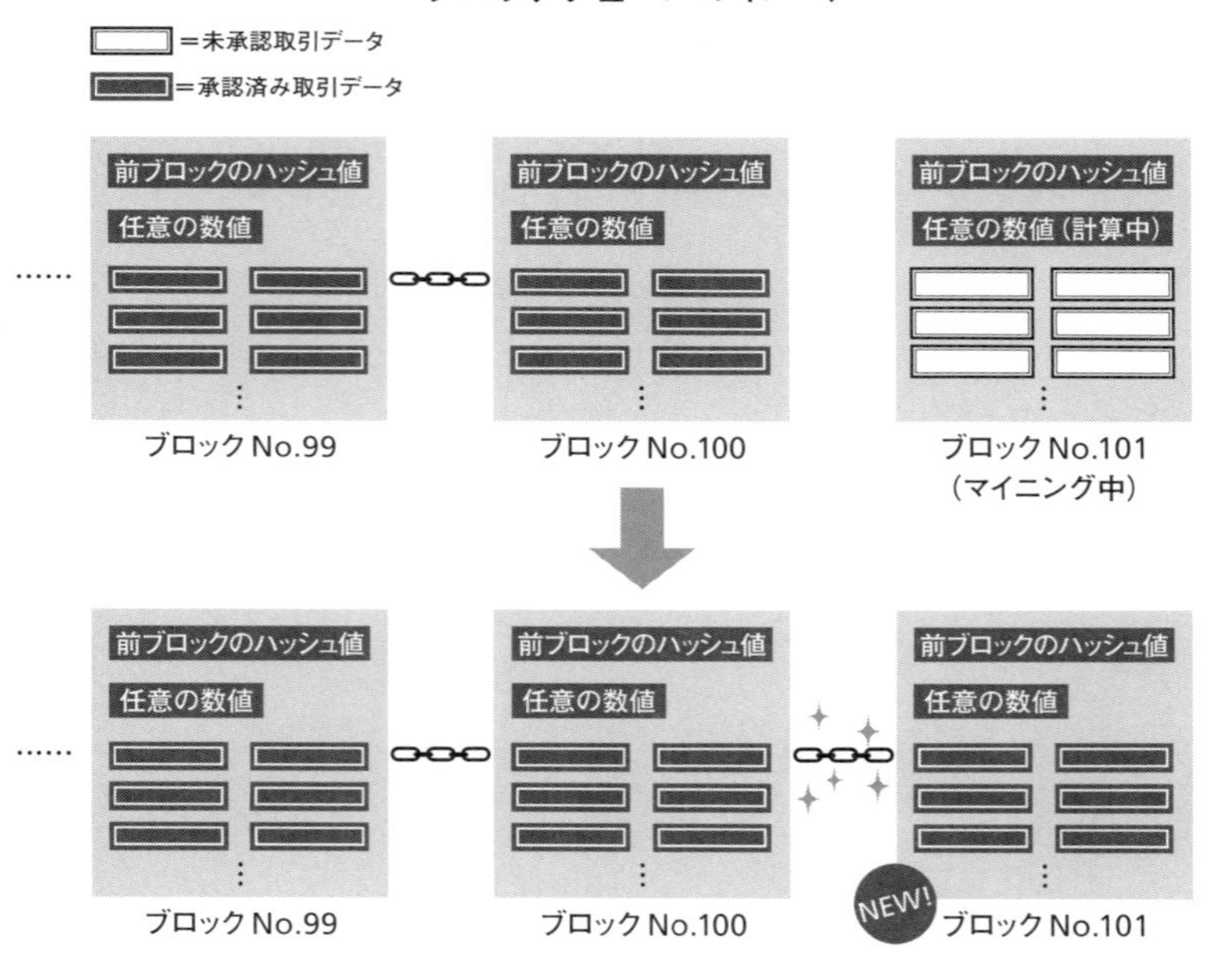

２００９年の最初のブロックから現在まで、ビットコインのブロック数は50万個以上。過去の記録を改ざんするには、改ざんするブロックから現在までの全ブロックのハッシュ値を書き換えなければいけません。

ハッシュ値の再計算には膨大な計算と時間を必要とします。その間にも新たなブロックは続々と作成されるため、改ざんが追いつくことはまずあり得ません。

ブロックチェーンにつなが

れたチェーンを全て外して、再び戻すことは不可能に近いと言えるでしょう。

連載小説を想像してもらうと分かりやすいかもしれません。毎週連載される小説があったとしたら、1週間ごとに新しい物語が追加されていきます。作者の気が変わって、連載の途中で主人公の名前を「太郎」から「二郎」に変えたくなったとしましょう。しかし、すでに発表されて流通した連載小説を全て回収して書き換えることはできません。それでも、回収するというわがままを通せば、それはそれは大変な時間と手間を費やすことになり、連載小説どころではなくなるはずです。

ブロックチェーンのどこが新しいのか

ブロックチェーン自体は新しくない

ビットコインを支えているブロックチェーンですが、実は完全に新しい技術というわけではありません。

「Git（ギット）」というシステムをご存知でしょうか。あまり馴染みがない方が多いかもしれませんが、プログラミングを嗜んでいれば一度は使ったことがあるかもしれません。実は、このギットには以前からブロックチェーンに似た仕組みが導入されていました。

プログラミングは、コンピュータに命令をするための言語を入力する作業です。そして、その言語のことをソースコードと言います。ギットは2005年に開発された、プログラムのソースコードなどを編集するときによく使われるソフトウェアです。過去のファイルの復元やファイルの更新履歴を簡単に確認できるという点が技術者から重宝されてきました。

ギットのようなソフトがなかった時代には、「やはり1時間前のファイルの状態に戻したい」と思っても、1時間前の時点でファイルのコピーを取っていない限りは戻すことができませんでした。また、チームでソースコードを共同編集するようなときも、誰がどのような変更を行なったかがすぐに分からず、あとでファイルを突き合わせてみたら内容がグチャグチャになっていたということも珍しくありませんでした。

その点、ギットはフォルダの変更履歴を時系列順に保存することできるので、一度作業を進めてしまったファイルでも、簡単に作業前の状態に戻すことが可能です。チームで共同編集をする場合も、各自の変更履歴をスムーズに反映できる仕組みになっているので、完成ファイルに混乱が生じることも少なくなります。

そして、この変更履歴を管理する手段として、ビットコインと同様ハッシュ値が使われているのです。ギットでファイル内の変更を保存するたび、その変更情報はハッシュ値で管理され、最新の保存履歴には必ずその直前に保存したファイルのハッシュ値が含まれています。

ギットでハッシュ値が使われている理由は、ファイル管理の効率化のためです。ハッシュ値は情報が同じであれば同じ値が出力され続け、情報が少しでも異なれば違う値が出力されるという性質を持っています。しかも、ギットで出力されるハッシュ値は40桁という少ない数です。つまり、ハッシュ値を使えばごく僅かな変更でも見逃すことなく、なおかつ少ない情報量で変更履歴を管理できるということです。ファイル内容の変更を追うことがメイン機能であるギットにとっては非常に好都合なのです。

サトシ・ナカモトがこのギットから着想を得たかどうかは別として、ブロックチェーンに近い仕組みは、すでに実現していたと言えるでしょう。

となると、一体サトシは何を発明したのでしょうか。実は、サトシの功績はブロックチェーンとは別のところにあるのです。

ＰｏＷの仕組みを組み合わせたことが新しい

ブロックチェーンで記録された情報は、Ｐ２Ｐネットワークによって世界中で分散管理されています。Ｐ２Ｐネットワークで運用されるシステムは、ネットワークに参加する全てのメンバーが平等に管理者のような立場となるため、中央管理者というものが存在しません。

その反面、メンバーであれば簡単に情報にアクセスができてしまうため、誰でも不正が可能な世界となってしまうことも意味します。

「Winny（ウィニー）」というファイル共有ソフトは、Ｐ２Ｐネットワークによって、簡単にお互いのファイルをダウンロードできるという画期的なものでした。

しかし、参加ユーザーならば誰でもファイルを提供することができたため、なかには悪意をもってウイルスが仕込まれたファイルを提供するユーザーもいました。

ビットコインのブロックチェーンも、単なるＰ２Ｐネットワークでの運用だったら、誰もビットコインを使おうとは思わなかったでしょう。

サトシ・ナカモトの功績は、ブロックチェーンの発明ではなく、ブロックチェーンにPoW（プルーフ・オブ・ワーク）の仕組みを組み合わせたことにあります。PoWとは、つまりマイニングのプロセスです。特に、膨大な作業を成し遂げた人が新たなブロック作成の責任者になり、なおかつ報酬を受け取れるという承認システムのことをPoWと呼んでいます。

サトシ・ナカモトが実現したのは、オープン性とセキュリティ性の両立でした。ブロックチェーンは誰もが参加できるP2Pネットワークでありながら、マイニングという膨大なミッションに成功したユーザーだけが、その場限りの責任者となるような仕組みが導入されたのです。

仮に、悪意のあるマイナーがマイニングに成功しても、次にマイニングに成功したマイナーがその不正を修正するという考え方でビットコインは成り立っています。

そもそもビットコインのブロックチェーンは、最新のブロックをすぐに信用する設計にはなっていません。ブロックが信用されるのは最新のブロックより6個前のブロックからとされています。20個のブロックがあったとしたら14個目のブロックまでしか信用されていないため、不正をしたかったら6回連続でマイニングに成功する必要があるわけです。

ただし、同じマイナーが連続してマイニングに成功する確率は、成功するごとに下がっていきます。6回連続で成功する確率にいたってはほぼゼロです。

誰もが管理者になれるという、ある種の信用できないネットワークにおいて、サトシ・ナカモトはPoWによって信用を作り出しました。この組み合わせによって、新たな通貨の可能性を見出したことは素晴らしいと言うしかありません。

サトシ・ナカモトの理念とかけ離れたマイニング競争

日本企業も参入

マイニング報酬に加えて、手数料報酬も得られるマイニングは一見すると非常に魅力的です。ただし、もはや一個人がビットコインのマイニングを成功させることはほぼ不可能なのが現状です。

初めて私がビットコインのマイニングを行ったのは個人用パソコンで、当時はその程度のマシンでもマイニングを行うことが可能でした。なぜならマイニングに参加しているユーザー自体も少なく、今のように高性能なマイニング専用マシンを使っているユーザーもいなかったからです。少数の人間が同じようなスペックのマシンでマイニングを行っていたため、計算力の差も発生することがありませんでした。

しかし、ビットコインの価格が上昇し始め、投資対象としての魅力が高まっていくと、マイニングに参加するマイナーの数は大きく増加。多額の利益を目当てにマイニングに参加する企業も続々と登場し、資金力のある彼らは高性能のマイニング専用マシンをどんどん導入していきました。性能が良ければ良いほど計算力も高まるので、マイニングに成功する確率は高まります。結果として、ビジネスとしてマイニングを行うようなユーザーしかマイニングに成功しない状況になってしまいました。

さらに現状のマイニングではマシンを動かすための膨大な電気代も発生します。たとえマイニングに成功したとしても、個人レベルでは電気代を含めると赤字になってしまうケースが大半でしょう。

したがって、現在ではマイニングは事業として行わなければ割に合わないという認識が当たり前になっています。マイニングを事業とする企業の多くは、マイニングファームと呼ばれるものを構築します。巨大な倉庫のような場所に大量のマシンを設置し、24時間体制でマイニングし続けるのです。

日本ではGMOインターネットが早くからマイニング事業に参戦して、2017年12月には北欧でマイニングセンターを稼働させています。2018年の第一四半期決算では、ビットコインを含む仮想通貨マイニング事業で1・9億円の黒字を達成したことを発表しました。

ところが、次の2018年第二四半期決算では、マイニング事業の3・6億円の赤字を発表しており、マイニング事業が決して易しいものではないことも物語っています。DMM.comも2018年2月にオープンした金沢市のマイニングファームからの撤退をすでに決めています。

巨大化する中国のマイニング事業

大きな利益を狙うマイニングファームにとっては、コストを抑えながら、いかにマシンの計算力を高めるかが大きなポイントになります。そこで、選ばれるのが電気代の安価な寒冷地、特に中国です。地方によっては気温が低いために効率良くマシンを冷却することが可能で、マイニングで発生する莫大な電気代も減らすことができます。現在でもマイニングファームが最も集中している地域です。

ビットメインという中国企業は、世界におけるマイニング専用マシンの７割のシェアを握る世界最大手です。さらに、彼らはBTC.comやAntPoolといったマイニング事業を展開する子会社も持っており、マイニングにおいてもその存在感は絶大です。

彼らが導入しているのはマイニングプールと言われる仕組みです。１台のマシンでマイニングに参加するのではなく、複数の参加者が所有するマシンが互いに協力をしながらグループでマイニングの成功を目指すやり方です。この方法であれば、個人では難しくなってしまったマイニングも、成功する確率が高まります。

肝心のマイニング報酬は、各参加マイナーが提供した仕事量に応じて分配されてしまうため総取りはできませんが、個人レベルでも安定的に報酬を受け取れるという理由で、個人がマイニングに参加する際の主流になっています。

BTC.comやAntPoolは、このようなマイニングプールを運営することで、マイニングをビジネスとして成り立たせているのです。BTC.comが公表している各マイニングプールの過去1年間のシェア率を見ると、驚くことに同社のマイニングシェアは約19%で世界ナンバーワン（2019年5月5日時点）。同じく子会社のAntPoolはシェア率約13%で、世界で2番目の位置につけています。つまり、ビットメインは合わせて3割近くのマイニングシェアを占めていることになります。しかも、そのほかの中国企業のシェア率を合わせると、その合計は7割にも及びます。

もはや中国のマイナーグループの存在は無視できない状況となっており、サトシ・ナカモトが目指していた非中央集権とは真逆の様相を見せていると言わざるを得ません。

ただし、今後は中国の強大な勢力もどうなるかは不透明です。ロイターは2019年4月9日の記事で、「中国国家発展改革委員会（NDRC）が、ビットコインのマイニング（採掘）を禁止することを検討している」と報じました。

ＮＤＲＣが発表したのは「産業構造調整指導目録」と呼ばれるもので、中国国内で発展を奨励する分野や、反対に淘汰していく分野が記載されています。そこで、仮想通貨のマイニング事業が淘汰の分野に追加されてしまったのです。

これまでも、中国政府は国内の仮想通貨取引所を閉鎖させたり、ＩＣＯ（仮想通貨による資金調達）を全面禁止にするなど、仮想通貨には厳しい姿勢を取ってきました。やはり最大の懸念は、政府が完全にコントロールできないという部分にあるのでしょう。

中国が発表したマイニング事業の禁止が、今後どのようなスケジュールで進んでいくのかは不明ですが、実際に実施された際のインパクトはかなり大きなものになるのは確かです。中国一強体制が崩れることによって、ビットコインが本来の思想を取り戻す可能性もありますが、一方でそれ以上にネガティヴな影響が生まれないとも限りません。いずれにせよ、この先も中国の動きは注視していく必要があるでしょう。

第3章　ビットコインはまだ買いなのか

「ビットコインは終わった」は本当か？

中国マイニングプールが主導したビットコインの分裂

２０１７年当時のビットコインは参加ユーザーの急増によってある問題に直面していました。それが、送金時間の大幅な遅れです。

もともとブロックチェーンのブロックサイズは最大で１メガバイトまでと決められていました。ところが、ユーザー数が増えるにつれて承認の必要なビットコインの送金情報が急激に増えていき、ついにはその上限を超えるようになってしまったのです。そのため送金完了までに何時間も待たされることが常態化する事態に陥り、ビットコインは送金の遅い通貨だという認識が徐々に広まっていきました。

ビットコインには管理者はいませんが、協力者は多数存在しています。ビットコイン・コアはビットコインのシステムがスムーズに動くように、プログラムの細かな修正などをボランティアで行っているコミュニティです（なかには、ビットコイン関連の仕事に就いている人間たちも含まれていて、完全なるボランティア精神で行っているとは言えないかもしれませんが)。

彼らはこの問題に対して、ブロックの大きさは変えずに、含まれる送金情報のデータの容量を圧縮する「セグウィット」という機能を追加する方針を提案しました。

しかし、ロジャー・バーという人物と、中国のマイニングプールを中心とする一派は、ブロックサイズそのものを大きくすることを提案します。

ロジャー・バーは黎明期からビットコインへ投資をしていた投資家で、ビットコイン関連企業へ多額の投資を行っていたことから「ビットコインジーザス（ビットコインの神）」という異名をとっています。

このときすでに中国のマイニングプールのマイニングシェアは3分の2にまで及んでいました。当然彼らとしては、ブロックサイズを大きくしたほうが、マイニング手数料も増えるのでメリットが大きいわけです。

最終的には、セグウィットを実施したうえでブロックサイズも2メガバイトにするという折衷案で落ち着こうとしていたところに新たな問題が発生します。なんと中国マイナーの一社であるヴィアＢＴＣが、決まりかけた折衷案に反対する動きを見せ、ビットコインの分裂を仕掛けたのです。この動きには、中国マイナー最大手であるビットメインも関係していたのではないかと言われています。というのも、彼らはマイニング専用のマシンを提供するメーカーでもあります。セグウィットが導入されると、開発したマシンが対応できなくなってしまうからです。

結局、この騒動は話し合いでは解決できず、ビットコインは2017年8月1日に分裂し、新たに中国勢を中心とした「ビットコインキャッシュ（BCH）」という仮想通貨が誕生しました。

相次ぐハードフォーク

ビットコインキャッシュ騒動のように、大きな仕様変更によって一つの仮想通貨から完全に枝わかれし、新たな仮想通貨が生まれることを「ハードフォーク」と言います。対して、分裂を伴わない細かな仕様変更を「ソフトフォーク」と呼び、当初のセグウィットのような変更はソフトフォークの部類でした。

ビットコインキャッシュの大きな特徴は、1ブロックあたりの容量を8メガバイトまで拡張させていることです。ビットコインの思想を受け継ぎながらも、これま

ビットコインの分裂（ハードフォーク）

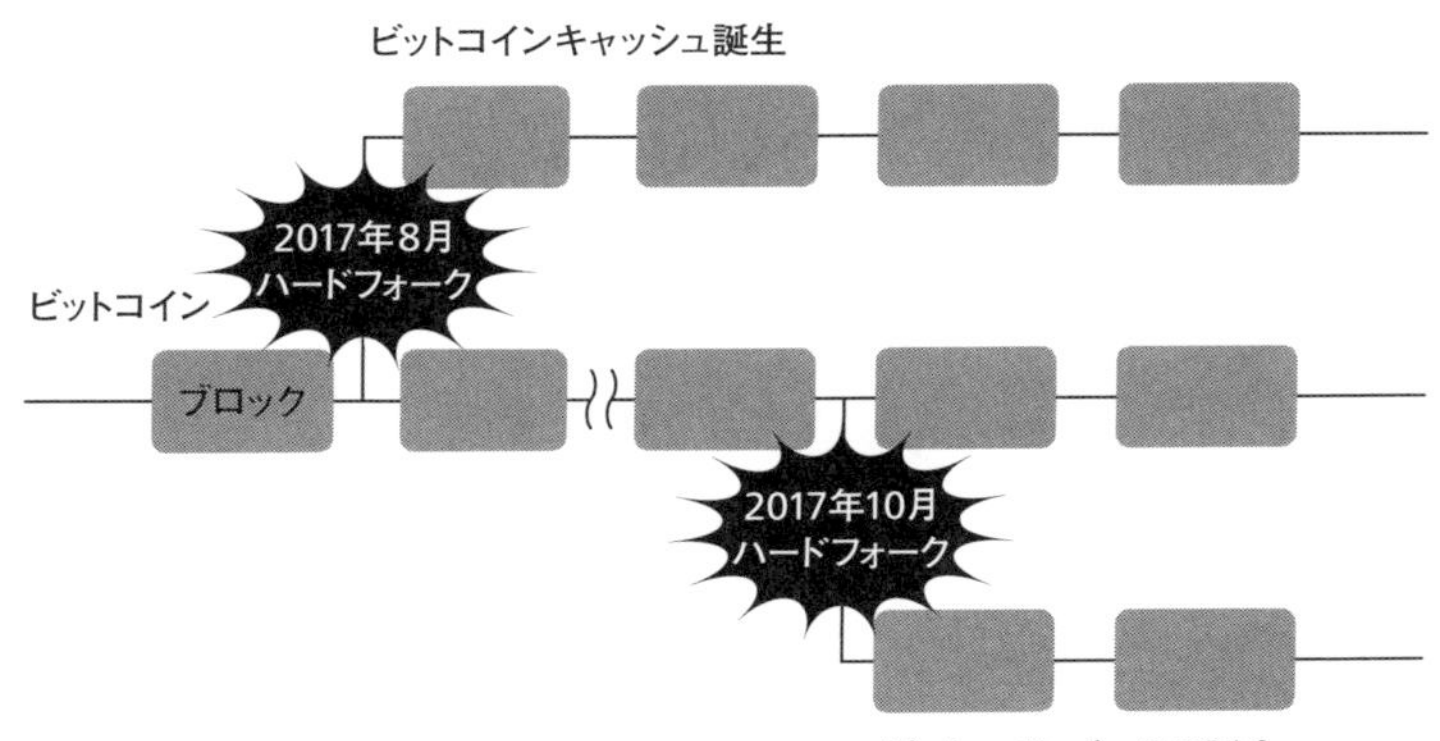

での送金遅延を克服する新たな仮想通貨という触れ込みでしたが、２０１９年５月５日時点では、ビットコインに約20倍もの価格差をつけられています。

新たな仮想通貨を支持するか否かはユーザーたちに委ねられています。ビットコインキャッシュが伸び悩んでいる理由は、仮想通貨全体の盛り上がりの落ち着きも影響していると考えられますが、やはり利害がちらつく中国勢が中心となっているからという理由もあるのかもしれません。

ビットコインキャッシュの関係者が、分裂騒動の前にあえて無駄な取引を増やし、高い手数料を払わなければビットコインを送金できないような状況を作っていたという話もあります。ビットコインは使い物にならないというイメージを作って、ビットコインキャッシュに誘導しようとしていたということです。

実は、そのような勢力抗争や利益の偏りを克服するために、ビットコインではさらなるハードフォークが発生しています。

２０１７年10月24日には、ビットコインから分裂した「ビットコインゴールド」という新たな仮想通貨が誕生しました。

この仮想通貨もビットコインと思想は同じくしていますが、根本的に異なるのは高性能マシンを導入せずともマイニングが可能であるということです。先ほど述べた通り、マイニングにおいては中国企業が大きなパワーを持つようになってしまい、もはやビットコインの理念とは反対の考え方である中央集権化が現実味を帯びていました。

中国がパワーを持った背景には、他国に比べて安価な電気代と、マイニングマシンを効率的に冷やせる寒冷地の存在が大きく影響しています。そこへ、マイニング専用の高性能マシンを開発する技術力も加わり、中国に続々と強力なマイニングファームが出来上がっていきました。

マイニングを成功させるためには、条件を満たす数値を総当たりで見つけるしかないと述べましたが、当然その作業を担うマシンの計算力が高ければ、地道ながらも高速で数値を試すことができます。要するに、高性能マシンを大量に所有していれば、それだけマイニングの成功率は上がるということです。

そこでビットコインゴールドは、マイニングの計算システムを変更することにしました。今まで使われていた「ＳＨＡ－２５６」というマイニングアルゴリズムに代わって、新たに「Equihash」というアルゴリズムが採用されたのです。

新たなアルゴリズムでは、高性能マイニングマシンの主流である「ＡＳＩＣ」というハードウェアが使用できなくなったこともあり、これまでよりもマイニングのハードルが下がったことは間違いありません。

高性能マシンを所有する一部の企業だけでなく、個人が再びマイニングに参加できるようになったことは、非中央集権という元々の思想に立ち返ったと言えるでしょう。やはりサトシ・ナカモトが目指した非中央集権に共感するユーザーは多く、どうにかそれを実現しようと試みているコミュニティも存在しています。

ビットコインの夢は潰えたのか

繰り返しになりますが、サトシ・ナカモトがビットコインで目指していたことの一つは、通貨の非中央集権化でした。２０１１年4月のタイム誌では「新たな通貨となるかもしれない」と大きな可能性すら語られていたビットコイン。大きな組織やシステムに支配されていた通貨の主導権を、個人が取り返せるチャンスだったはずです。

残念ながら、期待されていた新たな通貨はその大きな価格変動性が世界中の投資家たちを惹きつけ、マイニングという行為は中国のマイニングファームという新たな中央を作り出そうとしています。

はっきり言ってしまうと、ビットコインは現時点で通貨としては期待できないというのが私の意見です。なぜなら、その価格変動性はもちろんのこと、関係者がビットコインの進化を拒んでいるからです。

今でこそビットコインはブロックチェーンという最新技術を使った最先端の通貨かもしれません。しかし、技術というものは必ず廃れます。いかに最新の暗号技術を使っていても、数年後にはさらに進化した技術が育っているはずです。

私もビットコインが長く続いてほしいと願っています。だからこそ、ビットコインの運用をボランティアで担うコア開発者たちに、新たな技術を取り入れるべきだと私から提案をすることもあります。

ですが、聞こえてくるのは「余計なことをするな」、「何か企んでいるはずだ」といった否定的な意見ばかり。未来に向けた提案をしても、価格が下落することを恐れて変更をしたがらない関係者が多いのが実情です。

しかし、このまま何も変えずに突き進んでいったらどうなるでしょうか。セキュリティレベルが保てず、脆弱(ぜいじゃく)になったセキュリティの穴をついて、ハッカーが攻撃を仕掛けてくる可能性が高まります。仮想通貨そのもののセキュリティ不安は、価格の暴落につながりかねません。それこそビットコインの価値はゼロになってしまうかもしれません。

そのような結果を招かないためにも、ユーザー自身の「進化を求める気持ち」が必要です。そうでなければ、待ち受けている未来はビットコインの消滅しかないでしょう。

当然のことながら、これからのビットコインの方向性によっては新たな可能性が拓(ひら)けてくるかもしれません。あるいは、新たに有望な仮想通貨が登場することもあり得ます。

仮想通貨はまた上がる？

天国と地獄

２０１４年2月のマウントゴックスのハッキング事件以降、ビットコインの日本円価格は６万円台まで上昇することもありましたが、２０１５年に入ると３万円を前後する状態が続いていました。

しかし、２０１６年６月に６万円を突破すると、２０１６年12月には10万円超を記録します。その後も勢いはとどまることを知らず、２０１７年10月には50万円を超えて、２０１７年11月末にはついに１００万円に到達します。

そして、２０１７年12月８日にその時は訪れました。大手仮想通貨取引所のbitFlyerで２２０万円超を記録したのです。２０１６年６月からたった1年半足らずで、ビットコインの価値は約40倍に跳ね上がりました。

ビットコインが急成長を続けるなかで、新たに生まれたのが「億り人」という人たちです。仮に、２０１６年時点で３００万円程度のビットコインを所有していたならば、２０１７年12月中旬には1億円以上の価値を持っていることになります。

そんな億り人と呼ばれる人たちをメディアもこぞって取り上げ、それに興味をもった人たちがさらにビットコインを求めました。

しかし、２２０万円超を記録してから1ヵ月も経たないうちに、ビットコインの価格は１６０万円台まで下落します。その後も価格を上下させましたが、全体的には下降トレンドが続き、２０１９年1月以降は40万円前後の価格で安定していました。ただ、4月からは50万円台後半まで少し回復を見せています。

２０１７年12月中旬までの絶頂期にビットコインを購入した人たちは「今後も価格がどんどん伸びていくはずだ」と希望を膨らませていたことでしょう。実際は、この急激な価格減少を考えると、大きな憂き目にあった人も多いはずです。億り人のように稼いだ人ばかりに焦点が当たりがちですが、それと同様に損をしている人たちがいることを忘れてはいけません。

仮想通貨の裏付け

今でも世界中で多くの人が仮想通貨を購入していますが、「その価値を裏付けるものは何ですか？」と問いかけたとき、一体どれくらいの人が答えられるのでしょうか。

日本円には価値があります。それは日本という国の経済力が裏付けになっているからこそ生まれているものです。

同様に株式投資も、その会社が扱っている商品やサービスの評判、あるいは売上などが裏付けになっています。良い商品を開発するなどのポジティブな要因があれば株の価格は上がり、売上低迷などのネガティブな要因があれば下がるのです。株式投資家もそういった根拠があって株の売買を行うことが大半でしょう。

はっきり言ってしまうと、仮想通貨の価格に裏付けはありません。仮想通貨を管理している団体がいるわけでもなければ、売上をあげているわけでもないのです。そもそも、団体や売上が絡んでいないからこその仮想通貨です。

仮想通貨に何か裏付けがあるとすれば、それは人々が持つイメージです。多くの人間が仮想通貨に価値があると思うから価値も生まれる。それだけに過ぎません。

ときには、政情不安定な国の資産が仮想通貨に流入すればその価値も上がるなど、規則性が認められることもありますが、多くの場合はわけもなく激しい価格変動が発生しています。

年金を仮想通貨にぶちこむアメリカ人

仮想通貨の価格をややこしくしているのが、価格操作のために流される情報です。さきほど仮想通貨の価値は人々のイメージによって大きく変動すると述べました。それを逆手にとって、あたかも真実らしい情報を流すユーザーたちも存在しています。

彼らが狙っているのは、仮想通貨の値上がりによってもたらされる利益です。すでにある程度の仮想通貨を所有している人間が「これからもっと仮想通貨が伸びる」と適当な理由をつけて情報を流し、新たに仮想通貨を手にする人を増やそうとするのです。買い手が増えればその価格も上昇。彼らは多額の売却益を得るためにさっさと売り抜けてしまいます。

さらに、アメリカに目を向けると、「年金を仮想通貨で運用しましょう」と喧伝(けんでん)

している人間も存在している有様で、仮想通貨は年金というセーフティネットにまで食い込んできています。

今でこそ日本でも確定拠出年金が浸透し始めましたが、以前からアメリカには401kという確定拠出年金制度が存在しています。自ら運用先を決めて毎月一定額を拠出するのがこの制度の特徴で、運用成績によっては将来もらえる年金額も変わってきます。つまり、うまく運用できれば年金は増え、そうでなければ元本割れする可能性もあるということです。

401kでは新たな運用先として仮想通貨を選択することができるようになりました。運用を任せる会社にもよりますが、現時点では主に以下の仮想通貨を運用先として選ぶことができるようになっています。

・ビットコイン
・イーサリアム
・リップル
・ライトコイン

・ビットコインキャッシュ
・イーサリアムクラシック

これらの仮想通貨に対しては、単独で投資をすることも、分散して投資をすることも可能です。

もともと年金とは、老後を安心して過ごすための大事な資産のはずです。仮に40代で運用を始めて、運用先の仮想通貨が20年後にも残っている保証があるのでしょうか。その可能性は、一般的な企業が20年後に生き残っている確率よりも低いのではないかと思います。仮想通貨の未来に期待する気持ちは一緒ですが、非常に危険な運用だと言わざるを得ません。

アメリカの学生のなかには、学生ローンを組んでまで仮想通貨を購入しようとする人も多くいます。

実は、アメリカの学生ローンは、たとえ破産をしても支払いを免れることができないという厳しいルールが適用されていることをご存知でしょうか。

もちろん仮想通貨が値上がりすれば借りた金額以上で返ってきますが、下がってしまえば大きな損になることは間違いありません。

一発当てようという発想で仮想通貨を購入することは、私はオススメしません。あくまでギャンブルだという認識で購入し、値上がりしたらラッキーくらいに思うべきでしょう。なにより一番良いのは、未来の新しい通貨を肌で感じたいという気持ちで所有することだと思います。

現状では決済に向いていない

通貨の役割

通貨には次の3つの役割があると言われています。

①価値の尺度
②価値貯蔵手段
③決済手段

まず、価値の尺度の機能があることで、モノの価値を簡単にはかることができるようになります。例えば、値段がついていると、全く異なるモノ同士の価値を容易に比較することができるでしょう。物々交換の時代であれば、魚を交換するにも一苦労です。同じ魚を交換する場合でも、りんごだったら3個、木の実だったら10個というように個数が変化することもあり、価値に統一性をもたせることが難しかったのです。

また、食品には賞味期限があり、時間が経つにつれてその価値は下がっていきます。魚1匹と木の実10個が同じ価値だとしても、腐りやすい魚のほうが価値の低下も早くなってしまうことは明らかでしょう。一方で、通貨は腐ることがないので、価値に期限が生まれることはありません。つまり、価値の貯蔵をすることができるというわけです。

ただ、なかでも私たちが肌で感じているのは決済手段としての通貨でしょう。通貨というものがモノの価値を媒介しているからこそ、同じ通貨で全く別のモノを購入することができます。反対に、決済の手段として利用できなければ、通貨と呼ぶことは難しいと言えるのではないでしょうか。

ビットコイン決済が使える店

それでは、仮想通貨の代名詞であるビットコインはどうなのか。実際の利用状況を踏まえながら、一緒に考えていきましょう。

私が経営していたティバンがビットコイン決済に対応したのは2010年。それから約9年の月日が経ちました。一般社団法人日本仮想通貨交換業協会が2018年4月に発表した資料によると、国内でビットコイン決済に対応している店舗数は5万2190店舗とされています。

果たしてこの数は多いのでしょうか。はたまた少ないのでしょうか。

参考に交通系電子マネーの数字を見てみましょう。JR東日本が発表している資料によると、交通系電子マネー利用可能店舗数は、2018年3月時点でおよそ47万6000店です。

ビットコイン対応店舗数は以前より増えていることは事実ですが、交通系電子マネーに対応している店舗数のほうがはるかに多いことは間違いありません。

すでにアメリカではビットコイン決済の合計額は下がる一方です。2018年のブルームバーグの記事によると、アメリカにおけるビットコイン決済の合計額は、2017年9月の4億1100万ドルをピークに下落が続いているとされています。その証拠に、2018年5月の時点では、実に6000万ドルまでビットコイン決済による合計額が落ち込みをみせています。

国内外を取り巻くビットコイン決済の現状をみると、むしろ衰退していると言わざるを得ないでしょう。街中で不自由なく使えるというよりは、わざわざ対応する店舗を見つけてビットコインを利用するという感覚です。

しかし、国内大手19社が出資するディーカレットが、スイカへの仮想通貨チャージの構想を掲げています。それが実現すれば、状況が一変する可能性もあります。

ビットコイン決済のメリット

ビットコイン決済を導入している店舗の大きな狙いは、店舗側が負担する決済手数料の安さと、外国人観光客の利便性向上にあると考えられます。

通常、クレジット決済を導入している店舗は、売上の5%程度を決済手数料としてクレジットカード会社へ支払わなければなりません。なかなか大きなコストです。

ビットコイン決済でも、多くの場合は各仮想通貨取引所などが提供している決済サービスを使うことになるので、店側が決済手数料を負担することは変わりません。ただし店舗側が支払う決済手数料は1％程度です。クレジット決済とのコスト差は一目瞭然でしょう。

一方で利用者目線で見ると、特に海外旅行者にとってビットコイン決済は便利だと言われてきました。

いざ海外旅行へ行くことになった際、準備として両替は避けて通れない道です。両替という行為自体が面倒でもありますし、両替手数料も支払わなければいけません。旅行先の全ての支払いをクレジット決済で済ませることもできるでしょうが、海外利用の際には利用手数料と為替レートに応じた手数料を取られるのが普通です。

それがビットコイン決済であれば、わざわざ両替する手間も省かれ、スマートフォン一つあれば世界中の対応店舗で決済を完了させることができると強調されてきました。

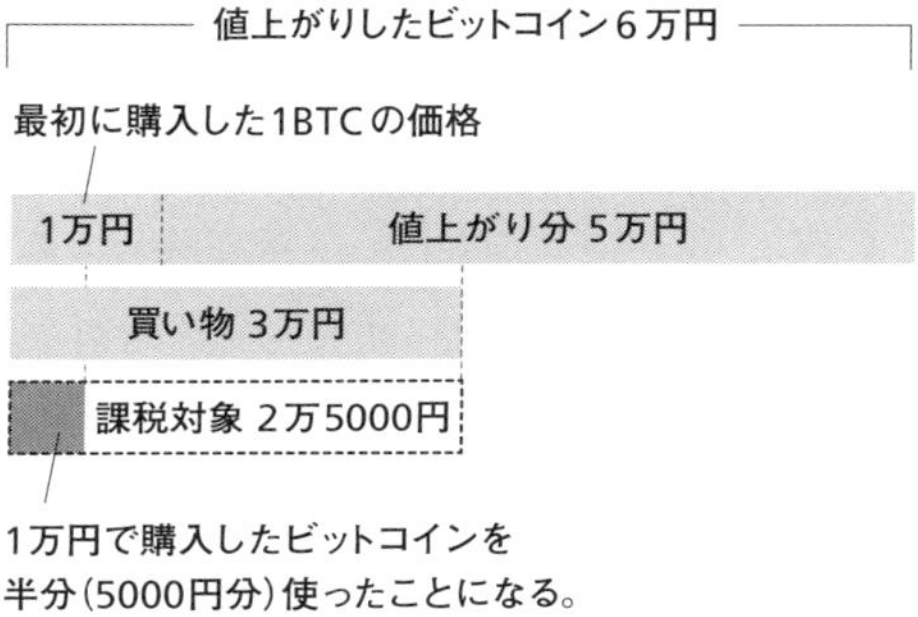

今のところはデメリットのほうが大きい

しかしながら、利用者にとってビットコイン決済にそれほど魅力があるとは言えないのが現状です。

理由の一つが価格変動性です。ビットコインは1BTCあたりの価値が1日で1万円以上下落することも多く、ときには10万円も下落することもあります。もちろん、同様にそれだけ価値が上昇するタイミングもありますが、日常的に使うことを考えたとき、価値が不安定な通貨を積極的に利用しようとは思わないでしょう。

もう一つは税制面の問題です。原則的に、ビットコインの利益で買い物をした場合、その差額を確定申告で雑所得として申請しなければいけません。

たとえば、1万円で購入したビットコインが6万円に値上がりしたとします。この時点で、3万円の買い物の代金をビットコインで支払うと0・5BTCに相当します。ビットコイン購入の時点では、0・5BTCは5000円相当でした。この差額の2万5000円が、所得と見なされることになるのです。ケースによっては一定額までは申告が不要な場合とそうでない場合があるので、ビットコイン決済で買い物をする際は、自身でしっかりと理解しておく必要があります。

いずれにしても、頻繁に発生する大きな価格変動や煩雑な確定申告のことを考えると、現状ではビットコイン決済のメリットは薄れてきます。利便性では何も気にせずに利用できるクレジット決済や電子マネー決済のほうに軍配が上がります。

ビックカメラなど個別企業の対応

ビットコイン決済の仕組み

店舗がビットコイン決済を導入する際は、企業が提供する決済サービスを利用していることがほとんどです。なかでも多いのがbitFlyer、Zaif、コインチェックなど、仮想通貨取引所によって提供される決済サービス。

従来のクレジット決済に比べると手数料が安く、決済の売上についてもビットコインではなく日本円で入金してもらうことができるため、店舗側が価格変動リスクを負う必要もありません。

ビットコイン決済時に、通常は支払わなければいけない送金手数料が無料になるケースもあります。各仮想通貨取引所のサービス内容によりますが、店舗側が導入している決済サービスの提供元と、利用者側が使っている仮想通貨取引所が同じ場合、利用者側の送金手数料がゼロになることがあるのです。

しかし、利用者側と店舗側で利用する取引所が異なる場合は、送金手数料が発生する可能性があります。仮に、店舗側が導入している決済サービスが仮想通貨取引所A社のもので、利用者はB社にビットコイン口座を開設しているとしましょう。B社が設定している送金手数料が０・０01ＢＴＣだとすると、この利用者は商品代金とは別に約６００円の手数料を支払わなければいけません（２０１９年５月５日時点）。もちろん、仮想通貨取引所同士の契約によっては、利用者と店舗が利用する仮想通貨取引所が異なっても手数料が無料になることもあります。自身が口座を開設している取引所がどのような対応を取っているのかを事前に調べておくといいでしょう。

このような手数料の有無は、実際にブロックチェーン上で送金処理をしているか否かで決まっています。店舗側と利用者側で利用している仮想通貨取引所が同じ場合は、単に取引所内でビットコインを移動させているに過ぎませんので、手数料が発生するケースはほとんどないでしょう。

そもそも送金手数料とは、マイナーに優先的に取引を承認してもらうために支払うものです。取引所内の移動であれば、わざわざブロックチェーンを使って送金する必要がないため、送金手数料も発生しないというわけです。

その一方で、店舗側と利用者側で利用している仮想通貨取引所が異なる場合は、ブロックチェーンに送金に関する取引データを記録する必要が生じます。この時マイナーに対する送金手数料が発生するので、ビットコイン決済の利用者にもその負担がやってくるというわけです。また、仮想通貨取引所の決まりによっては、その他にも手数料が発生することがあるので、決済を行う前に店員に確認することをおすすめします。

実際、少額決済では商品代金よりも送金手数料のほうが高くなるケースも出てくるでしょう。２００円の商品を購入するのに６００円の手数料が必要ということになってしまえば、日常的な決済手段としての魅力はゼロに等しくなります。店舗側が導入している決済サービスとの組み合わせによっては気軽に利用できないなど、まだ利用に躊躇してしまう場面が多いのがビットコイン決済の実情です。

家電量販店を中心に導入している

そうは言っても、有名企業でもビットコイン決済を導入しているところはあります。代表的な導入企業は次の通りです。

・ビックカメラ
・コジマ
・ソフマップ
・ヤマダ電機
・H.I.S

家電量販店の場合は外国人観光客、特に中国人の利用を見込んで導入している企業が多いようです。

ビックカメラは２０１７年４月に、まずは有楽町店とビックロ新宿東口店で試験導入しています。さらに同年７月26日には、ビックカメラ全店へビットコイン決済を拡大させ、同年12月８日には１会計あたりの利用可能額を10万円から30万円へ引き上げました。

同じくビックカメラグループであるコジマとソフマップも、２０１７年７月にビットコイン決済を一部店舗で導入しています。

競合にあたるヤマダ電機は、少し遅れて２０１８年１月27日より、東京都内２店舗でビットコイン決済を開始しています。

大手旅行代理店のＨ．Ｉ．Ｓも２０１７年９月23日に、都内38店舗でのビットコイン決済をスタートさせています。

ビックカメラ、コジマ、ソフマップ、ヤマダ電機、Ｈ．Ｉ．Ｓのいずれも、ビットコイン決済で連携しているのはbitFlyerです。同社はいまだに大きなハッキング被害のない仮想通貨取引所で、提携先に提供しているビットコイン決済サービスにも大きな問題は発生していません。

コインチェック事件の余波

メガネスーパーも2017年7月10日には、全334店舗でビットコイン決済を導入しました。しかし、ある事件が発生したために現在はビットコイン決済を停止させています。

言わずと知れたコインチェック事件です。詳しくは第5章で述べますが、2018年1月26日、当時人気の仮想通貨取引所の一つであったコインチェックが、ハッキングによって総額約580億円の被害が出た、と発表しました。

もともとメガネスーパーは、リクルートライフスタイルの決済アプリ『モバイル決済 for Air レジ（現AirペイQR）』を利用することで、ビットコイン決済に対応していました。ちなみに『モバイル決済 for Air レジ』とは、店舗側の端末に表示されるQRコードを、客がスマートフォンで読み込むだけで決済ができるサービスです。このサービスと提携してビットコイン決済を提供していたのが、コインチェックでした。

コインチェックがハッキングを受けたことにより、メガネスーパーはビットコイン決済の提供ができない状況に陥りました。現在も復旧の目処は立っていないようです。

事件が投げかけた波紋はこれだけに留まりません。

事件前、リクルートライフスタイルは２０１７年夏より、同社が提供するサービス『Air レジ』を導入する約26万店舗で、ビットコインによる支払いが可能になると発表していました。もしかしたらビットコイン決済がさらに普及する大きな一歩になっていたかもしれませんが、これも再開の時期は未定のままです。

ＤＭＭは２０１６年２月から、コインチェックが提供するビットコイン決済サービスを導入していましたが、現在はビットコイン決済の提供を中止しています。

格安航空会社（ＬＣＣ）のピーチ・アビエーションも２０１７年５月に、仮想通貨取引所ビットポイントジャパンと組んで、航空運賃をビットコインで決済できるサービスの導入を発表していました。おそらくコインチェック事件を受けてでしょう、同社も２０１８年２月には、サービス導入について再検討する旨の発表を行っています。

コインチェックの一件が、ビットコイン決済の普及に与えたマイナスの影響は非常に大きなものでした。現在、同社は営業を再開しているものの、信頼を取り戻すにはまだ時間がかかるでしょう。今まで同社のビットコイン決済サービスを利用していた企業も、そう簡単には再開しないと思われます。

海外送金はできるのか

法定通貨の送金の仕組み

今やお金を誰かに送るにしても、手元にある携帯電話や自宅のパソコンから振込の実行ができてしまう便利な時代です。

国内銀行同士の振込であれば、当日あるいは翌営業日に相手の銀行口座へ振り込まれることがほとんどです。振込手数料は銀行や諸条件によっても変わってきますが、他行あてのインターネット振込の場合、3万円未満ならば200円程度、3万円以上であれば300〜400円程度が相場です。

日本国内の金融機関を支えているシステムには、日銀ネットや全銀システムといったものが存在しています。これらのおかげで、日本銀行と民間金融機関、あるいは民間金融機関同士のお金のやりとりが格段にスムーズになりました。

特に、国内銀行同士が振込の処理をするには、全銀システムを使うことが大半です。全銀システムとは日本国内の多くの銀行が参加する決済システムのことです。仮にA銀行の口座からB銀行の口座へ振込処理を行う場合、A銀行は全銀システムを通してB銀行へ振込を行います。

この全銀システムは無料で使えるわけではありません。各銀行は全銀システムへの接続料を支払うほかに、振込1件あたりに対してもお金を支払う必要が生じます。だから、利用者だけでなく、銀行も振込手数料を支払っているのです。

国際送金の仕組み

一方で、国際送金の場合は、国内銀行間の振込以上に時間もお金もかかるのが現状です。なぜなら、特定の銀行を介してしか国際送金ができないシステムになっているからです。

国際送金で必ずお世話になるのが「ＳＷＩＦＴ（スイフト）」という組織です。正式名称は国際銀行間通信協会で、全銀システムの国際バージョンを提供している組織だと思ってください。彼らはセキュリティ性の高いシステムによって世界中の金融機関をつなぎ、スムーズに国際取引が運ぶようにしてくれています。グローバルな送金を行うときは、このスイフトを通じて取引情報が送信されているのです。

ただし、彼らができるのは取引情報をメッセージとして送るところまで。全銀システムのように決済機能は持っていないので、スイフトを通したからといって自動的に国際送金が完了されるわけではありません。

そこで、登場するのが「コルレス銀行」と呼ばれる金融機関です。コルレス銀行とは、国際的な決済に対応するために、国をまたいでお互いの銀行に口座を開設しあっている銀行のことです。

例えば、日本の銀行Ａとフランスの銀行Ｂがコルレス契約を結んでいたとしたら、仏銀Ｂが邦銀Ａの代わりにフランス国内のユーロ決済を行います。反対に仏銀Ｂが日本国内で何かしらの円の支払いをしなければいけないときは、邦銀Ａが代わりにその支払いを行うことになります。

国際的な中央銀行のような機関があれば、国際送金もよりスムーズになると言われていますが、いまだに実現しないままです。ですから、今のところ海外送金を行う際はコルレス銀行を通す必要があります。

ここで、国際送金の流れを簡単に説明しましょう。日本に住む太郎さんが、フランスに住むマルクさんへ国際送金をするシーンをイメージしてください。

太郎さんが邦銀Aに口座を持っており、なおかつマルクさんも仏銀Bに口座を持っている場合、まず太郎さんの国際送金の要望を受け、邦銀Aはスイフトを通じて仏銀Bに送金メッセージを送ります。そして、仏銀Bはマルクさんの口座に太郎さんから依頼された通りの金額を入金。たったこれだけで完了です。

国際送金が高いワケ

コルレス契約を結んでいる銀行同士であれば、あまり苦労せずに国際送金はできてしまいます。しかし、今はグローバルにお金のやり取りをするのが当たり前の時代です。必ずしもコルレス銀行同士のやりとりで終わらせることができないケースも多くあります。

例えば、邦銀Aと仏銀Bがコルレス銀行ではない場合は、どちらともコルレス契約を結んでいる共通の銀行を探さなければいけません。ビジネスにおいては、間に人や企業を挟むほど、最終的な価格は高くなります。このケースでも、国際送金が完了するまでに一つ多くの銀行を挟んでいるので、余計に時間と手数料が発生することになります。

一つ増えるならまだしも、なかなかコルレス銀行が見つからずに、国際送金を完了させるまでに2つ、3つと経由する銀行が増えていくこともあります。そうなると、さらに送金コストは増えていき、利用者の負担はどんどん大きくなっていくのです。

このようなシステムのため、場合によって国際送金は時間もお金もかかることが少なくありません。事前にある程度の手数料が判明していることもありますが、実際に国際送金が完了してからさらに手数料が取られることもよくあることです。

ビットコインは国際送金に向いているのか

ビットコインでは、海外送金だからといって送金手数料が変わることはありません。国内海外問わず、送金の際に発生するのはマイナーに支払う送金手数料のみです。サトシ・ナカモトの論文には、手数料を最小限に抑えることで少額送金をより発展させたい旨も書かれており、ビットコインが安価な送金手数料を実現しようとしていたことは間違いありません。

では、実際に実現しているかと問われると、波があるというのが実際のところでしょう。というのも、ビットコインの価格が高騰すると、送金したいユーザーも増え、送金手数料も高くなる流れがあるからです。

1個のブロックに含むことのできる取引情報の数は限られていると述べました。上限以上に取引情報が殺到すると、マイナーは手数料の高い取引を優先的にブロックへ入れていきます。すると、相対的に手数料の安い取引はなかなか承認されなくなるので、自ずと送金手数料の設定金額を上げざるを得ません。

さらに、それだけユーザーが増えているということは、ビットコイン自体の価値が高騰していることも考えられます。価値の高騰と手数料の高額化というダブルパンチで、送金手数料がより高くなってしまうのです。

実際に、ビットコインのピーク時は日本円換算で5000円以上の送金手数料が必要な時期もありました。それならば銀行を通して海外送金を行ったほうがよほど安いということになります。

現在ではビットコインの価格も落ち着きを見せており、数百円の手数料で送金をすることが可能となっています。ただし、ビットコインは何の前触れもなく価格が変動するため、またいつ高騰してもおかしくありません。

反対にものの数分で一気に価格が下がってしまうことも考えられます。送金するまでの10分の間に価格の大幅下落が起きてしまったら、想定していたよりもはるかに少ない価値にしかならない可能性すらあります。

ビットコインで送金する際は、価格変動のリスクを引き受けてもいいという覚悟が必要かもしれません。

第4章 仮想通貨と相性が良い日本人

「スイカ」は日本でしかできない

世界でも稀な独自システム

よく日本の技術や製品は「ガラパゴス化している」などと言われて批判されることがありますが、独自のサービスや規格が多いことは間違いありません。

なかでも有名な例が携帯電話でしょう。現在のようにスマートフォンが浸透するまで、日本の携帯電話の技術は最高峰でしたが、一方でその技術はあまりにも日本向けに独自化され過ぎていました。特に、ワンセグやおサイフケータイ機能は、日本の独自規格の代表格です。

スマートフォンが主流となった今となっては、当時のような携帯電話のことを「ガラケー」と呼んでいるのはご存知の通りです。

私が日本で驚いたものに「スイカ」があります。実は、これも日本が生み出した特殊なサービスの一つです。私はマウントゴックスを運営しながら世界各国の決済事情を調査したことがありますが、ここまで便利なＩＣ式交通カードをあまり見たことがありません。

例えば、アメリカのワシントンDCには「SmarTrip（スマートリップ）」というIC式交通カードがありますが、ワシントンDC内の地下鉄や路線バスでの利用に限られています。同じく私の母国フランスにある「Navigo（ナヴィゴ）」というカードは決済機能のない定期券です。利用できるのはパリ市内の地下鉄とバスに限られています。

もちろん探してみれば、香港の「Octopus（オクトパス）」カードや、韓国の「Tmoney」カードといったスイカと同様のカードを見つけることはできますが、数えるほどしかありません。

スイカのように一枚のカードで大半の鉄道・バス会社の運賃を支払うことができ、なおかつ広範囲な店舗で利用することができるIC式交通カードは世界的にも珍しい存在なのです。

日本は信用の国

世界では電子マネーカードの普及に伴って、新たな犯罪も増えつつあります。

その一つが「digital pickpocket（デジタル・ピックポケット）」です。ピックポケットとはスリのことで、言ってみれば「電子マネースリ」ということになります。

その手口はいたってシンプル。改造したＩＣカードリーダーを他の人のＩＣ式カードに近づけるだけで、いとも簡単に任意の金額を盗みだすことができるのです。1回あたりの被害額が数百円の場合も多く、被害に遭ったことすら気づきにくい犯罪です。

ただ不思議なことに、便利な電子マネーカードが普及している日本では大きな問題にはなっていません。

そもそも、利便性が高ければ高いほどリスクも高くなるはずです。スイカのようなシステムが普及している国ならば、それに関連する犯罪も増加するのが自然な考え方でしょう。ですが、実際に日本がそのようになっているとは思えません。

むしろ、サインレスのクレジット決済がスーパーで使えたり、他国のiPhoneにはないモバイルスイカ機能が搭載されたり、世界では珍しい便利なサービスが続々と導入されています。

やはり日本は「信用の国」なのかもしれません。リスクを気にせずに利便性の高さを実現することができるのも、日本人という国民の信用性が高いからでしょう。他国にはとても真似できない信用という文化的素地が存在しています。

しかし、そんな日本は、ビットコイン決済や仮想通貨決済の普及においては、難しい国の一つです。

ビットコインは、インターネットを介して見ず知らずのユーザー同士が通貨の送金をする前提で作られた通貨です。つまり、お互いに信用がなくても、テクノロジーとシステムによって通貨のやりとりが成立するように設計されています。

本来ならば低いリスクを実現するためには、どこかで利便性を犠牲にしなければいけません。ビットコインにおいては、マイニングという仕組みがそれに当たります。セキュリティ性を担保するには、どうしても膨大な計算に成功したマイナーが、ブロックの責任者になるという仕組みが必要なのです。そのために発生するおよそ10分という時間は、安心料のようなものでしょう。

その点、日本はそのセキュリティ性を、信用という国民性で補ってしまっています。だからこそ、次々と便利なサービスを実現することができているとも言えます。もはや日本の便利さになれてしまった私は、たまにスイカの決済で５秒かかっただけでも遅いと感じてしまうほどです。

もし仮想通貨の決済を使うとして、コンビニのレジで10分も待たされたら一体どうなるのでしょうか。決済で仮想通貨を使用する選択肢は限りなくゼロになるでしょう。

政情不安定な国で仮想通貨が受け入れられる理由

政府を信用しない中国人

ビットコインの価格が上がる重要なポイントとして、キプロス危機があったことは第1章で述べた通りです。2013年になると、ギリシャ危機の影響がタックスヘイブンで有名だったキプロスにも及び、国内銀行の預金に新たな課税が行われることが発表されました。キプロスでは取り付け騒ぎが起こり、富裕層をはじめとする多くの人たちの資産がビットコインへ流れていきました。もはや政府や銀行に任せるよりも仮想通貨のほうが安全であるという心理が生んだ結果です。

他にも、中国政府の動向や国内事情はマイニングだけでなく、ビットコインの値上がりにまで大きな影響を及ぼしています。

２０１３年は、キプロス危機やバーナンキ発言などでビットコインが大きく値上がりした年でしたが、当時のビットコインの約３分の１の取引は中国人民元によるものだったと言われています。

その背景にあったのは、中国国内の資本規制です。中国政府は人民元を安定させるために、個人の外貨購入を５万ドルまでに制限しています。

中国では国の一存によって個人資産が左右される状況でもあり、基本的に国民は政府というものを信用していません。特に、富裕層はどうにかして資産の逃げ道を探しています。

そこで目をつけられたのがビットコインでした。人民元でビットコインを購入し、そのビットコインを外貨に交換すれば政府の規制には触れません。次々と中国マネーがビットコインへ投入されていきました。

しかし、２０１３年12月には中国政府が金融機関によるビットコインを利用した金融サービスを禁止しました。これを受けて、ビットコインの価格が大暴落。２０１７年には、中国政府のさらなる規制を受けて国内の大手取引所が取引を停止しています。現在は規制も緩和されて取引を再開している取引所もありますが、政府による規制リスクがあることに変わりはありません。第2章で述べた通り、2019年4月には国内のマイニング事業の禁止を検討するという発表が行われています。

相次ぐ経済危機で

ギリシャのデフォルトでも、ビットコインの価格は値上がりをみせています。2015年に、ギリシャは自国の放漫財政による赤字が解消できずにデフォルト（債務不履行）寸前の状況に陥りました。政府は国民に対して預金口座からの引き出しを制限する発表を行うものの、各地のATMに長蛇の列ができるという事態に見舞われています。政府への不信感から、ギリシャ国民の中にはビットコインへ資産を移す人たちも多数現れ、それに伴い当時のビットコイン価格も上昇をみせました。

ベネズエラではハイパーインフレが起こっており、2018年11月の物価上昇率が約130万%であったと発表されています。国際通貨基金（IMF）が2018年に発表した「World Economic Outlook」でも、ベネズエラのインフレ率は2019年に1000万%に達すると予測されているほどです。

ギリシャと同じく自国通貨ボリバルに不安を持つベネズエラ国民は、ビットコインを資産の逃避先として選んでいるようです。CoinDanceが発表しているビットコインの個人間売買の取引高を見ると、２０１９年４月下旬の週では約１２００ＢＴＣがボリバルで購入されています。２０１８年１月が約２４０ＢＴＣの取引だったことを考えると、およそ5倍まで取引が拡大しており、ビットコインの存在感は増すばかりです。

トルコでも、２０１８年3月にアメリカ大統領トランプが発表した鉄鋼・アルミに対する関税引き上げへの不安が高まり、自国通貨のリラ安が加速しています。ビットコインの急激な値上げには繋がってはいませんが、同じくビットコインを購入する国民が増えている模様です。

経済危機などによって、自国通貨が突然信用できなくなる国も存在しています。そういった場合、ビットコインのほうが低いリスクだとみなされ、逃避先として選ばれていくのです。信用のない国にとっては、まだまだビットコインも魅力的に映っているのでしょう。

なぜ日本は仮想通貨大国になったのか

仮想通貨業者の増加と法整備

マウントゴックスは、2012年に日本で事業をスタートさせました。当時はアメリカ人のユーザーが大半を占めており、2013年の中頃までは日本人ユーザーはゼロに近かったと記憶しています。

2014年になると、日本人ユーザーの数も全体の2～3%を占めるようになりましたが、他国のユーザーに比べるとまだまだ少ない状態でした。ちなみに、一番大きな割合を占めていたのはEUユーザーで40%。次いでアメリカ人ユーザーが30%といった具合です。

おそらく日本人は、マウントゴックスの事件があってからビットコインなどの仮想通貨の存在を知った方が多いと思います。当時は、様々なメディアがビットコインの解説を行っていました。

「どうせ怪しげな投機商品だろう」と相手にしなかった方々もいる一方で、ビットコインの大きな価格変動性に惹かれて、新たに取引を開始した方も多かったのではないかと想像しています。

２０１４年には日本でも仮想通貨取引所が徐々に増え始めていきます。同年４月にZaifの前身であるetwingsという企業が取引所をスタートさせました。その後テックビューロに買収されて、Zaifと名前を変更することになります。また、５月にはbitFlyerがビットコイン販売所としてサービスを開始し、11月にはコインチェックも取引所サービスに乗り出しました。

その後も様々な企業が仮想通貨ビジネスに乗り出しましたが、振り返ってみると大手と呼ばれる取引所まで成長しているのは、最初期に仮想通貨ビジネスを始めた企業ばかりです。

仮想通貨取引所が増えていくことで、ビットコインをはじめとする仮想通貨の認知度は徐々に高まっていき、手にする人たちが増加していきました。

そして決定的だったのは２０１７年４月に施行された改正資金決済法です。

大きなポイントは２つ。まず一つは、仮想通貨の定義が決まったことです。それまで明確な定義がなかった仮想通貨ですが、この改正では不特定の人に対する支払い手段として利用できる通貨だと定義されました。また、日本円などの法定通貨と相互に交換できることも正式に認められています。

もう一つのポイントは、仮想通貨交換業者の登録制度が始まったことです。セキュリティ性や資産管理法など、金融庁が設けた基準を満たさない企業は営業を続けられない決まりとなりました。

実際に登録が始まったのは２０１７年9月29日。しかし、このときすでに交換事業をスタートさせていた企業も多数ありました。金融庁はそれらの企業を「みなし業者」とすることで、当分は営業が継続できるような措置を取っています。行政機関としては珍しい柔軟な対応ですが、金融庁も仮想通貨に少なからず期待していた面があったのでしょう。

金融庁による規制ができたことで、ユーザー側にもなんとなく安心感が生まれます。世界のビットコイン取引のうち日本円の占める割合は40％台まで上昇しました。

ちなみに、２０１９年3月時点で正式に登録されている仮想通貨交換業者は次の19社です。

・株式会社マネーパートナーズ
・QUOINE株式会社
・株式会社bitFlyer
・ビットバンク株式会社
・SBIバーチャル・カレンシーズ株式会社
・GMOコイン株式会社
・ビットトレード株式会社
・BTCボックス株式会社
・株式会社ビットポイントジャパン
・株式会社DMM Bitcoin
・TaoTao株式会社
・Bitgate株式会社
・株式会社BITOCEAN
・コインチェック株式会社

・楽天ウォレット株式会社
・株式会社ディーカレット
・株式会社フィスコ仮想通貨取引所
・テックビューロ株式会社
・株式会社Xtheta

コインチェックは2018年1月にハッキング被害を受けたのち、マネックスグループによって完全子会社化され、2019年1月に登録業者となりました。

登録制度開始時は、今より多くの正式登録を待つみなし業者がいましたが、金融庁の求めるセキュリティ条件に満たないなど、撤退を余儀なくされた企業もいくつかあります。

当初は、インターネット広告大手サイバーエージェントも仮想通貨交換業へ乗り出すことを発表し、2018年春には仮想通貨取引所を開設することを宣言していました。

しかし、コインチェックのハッキング事件を受けて、藤田社長自ら「傷が浅いうちに」参入を断念することを発表しました。予想以上にリスクがあることを改めて認識したうえでの決断でしょう。

新規参入はまだ続く

それでも楽天やＬＩＮＥのように仮想通貨事業への新たな参入を表明する有名企業も登場しています。

ＩＴ大手の楽天は、連結子会社である楽天カードを通じて、みんなのビットコインの全株式を取得、楽天ウォレットを立ち上げました。今後は独自仮想通貨の発行も視野に入れている楽天としては、仮想通貨交換事業に取り込む必要性を感じたのでしょう。また、楽天証券では顧客から仮想通貨の運用を希望する声が高まっていたことも大きな理由だといいます。

ＬＩＮＥも仮想通貨事業に乗り出すことを表明していますが、他の企業とは異なり少し先を見据えています。同社は２０１８年10月16日からグループ会社のＢＩＴＢＯＸという仮想通貨取引所で、日米を除いた地域で独自コイン「ＬＩＮＫ」の取り扱いをスタートさせました。

今後は独自に構築したブロックチェーン技術を活用したサービスも展開する予定で、コンテンツを投稿するなどしてサービスの発展に貢献したユーザーには報酬としてＬＩＮＫを付与することも考えていると発表しています。

将来的な潮流としては、仮想通貨の取り扱いだけでなく独自コインの発行も盛んになるかもしれません。独自コインは運営元となる企業がいる点で非中央集権を目指す仮想通貨と厳密には異なりますが、通貨の選択肢が広まることで経済活動の新たな可能性を探ることができそうです。

私が日本を好きになった理由

私の生い立ち

１９８５年6月1日に、私はフランスで生まれました。そして、物心がついたときには、私はコンピュータを触って遊んでいました。

理系肌だった母の存在が、私の人間形成に非常に大きな影響を与えたことは確かです。母は、フランス国立保健医学研究機構という政府の研究所で、健康について研究する仕事をしていました。データ分析の仕事も任されていたようで、当時では珍しい、コンピュータにやたら詳しい女性です。家にも「シンクレア」というイギリス製のコンピュータが置いてあったことを覚えています。

当時はコンピュータとカセットをケーブルでつないで、音でデータを保存することが当たり前だった時代でした。ピーという甲高（かんだか）い電子音は非常にうるさかったのですが、今となっては幼い日々を蘇らせてくれる思い出深い音になっています。

3歳になると母は私にコンピュータの扱い方やプログラミングについて教えてくれるようになりました。私はすぐにその楽しさに夢中になり、読み書きより先にプログラム用のベーシック言語を覚えてしまったほどです。そして、小学校へ入学する前には、自力でプログラミングができるまでに成長していました。

実は、父には会ったことがなく、名前も知りません。私は婚外子なのです。未婚のカップルから生まれる子供は、日本では珍しいかもしれませんが、フランスではごく一般的です。生まれてくる子供の半分以上が婚外子だと言われており、政府の支援も整っています。

母は、母方の祖母と一緒に愛情いっぱい私を育ててくれました。ただ、何があったのかは分かりませんが、母と祖母はあまり仲が良くありませんでした。住む場所も別々で、母はパリに、祖母は郊外のディジョンという街に住んでいました。そのため、私も仕事を始めるまで、母と祖母の家を行ったり来たりする生活を送っていました。

祖母は母と違って非常に厳しい人でした。小学校に行き始めるまで、読み書きや計算については祖母のスパルタ教育を受けて育ちました。特に、フランス語の正書法は複雑なルールを体で覚えないといけないため、習得には相当な勉強が必要です。私はひたすら祖母が話したフランス語を書き取る訓練をこなし続けました。

そのおかげもあってか、私は日本でいう小学校3年生を飛び級しました。この頃には、プログラミングの能力もさらに向上し、「ブロック崩し」のようなゲームであれば自分自身で作れるようになっていました。みんなに遊んでほしくて、手作りゲームをフロッピーに入れてクラスメイトに渡したこともあります。

その後、中学校には行かず、私立の修道院に進学しました。高校にいたっては2年で卒業できる職業高校を選択しています。主に住宅や工場などの電気関係について学んでおり、プログラミングはあまり関係ありません。むしろプログラミングは独学で十分理解できたので、学校で学ぶ必要性を感じませんでした。

高校卒業後、大学には進学していません。家計にそれほど余裕があったわけでもありませんし、当時の大学には自分に合ったコースが見つからなかったのです。興味のない講義を受け続けるよりも、少しでも早く自分のプログラミング能力を活かした仕事がしたい。そんな強い気持ちもあって、18歳でソフトウェア会社に就職し、希望通りにプログラミングの仕事をスタートさせました。

ある作品との出会い

フランス人である私が、なぜ日本に来たのかと疑問に思っている方もいるかもしれません。一言でいってしまえば、日本の文化と人に魅了されてしまったからです。

私は日本の文化のなかでも、特に漫画やアニメが大好きです。

その大きなきっかけになったのが『幽☆遊☆白書』でした。修道院に入っていた頃に、スーパーファミコンのソフトを１本買ってきました。それが『幽☆遊☆白書』のゲームだったのです。

セリフなどは日本語だったので、細かい内容までは理解できませんでしたが、夢中になってそのゲームをしたことは今でも覚えています。日本の日常風景のなかに、妖怪が登場するという設定が非常に魅力的で、私はすっかり『幽☆遊☆白書』の虜になってしまいました。ゲームだけでは飽き足らず、フランス語版の漫画も買ってきたほど。あまりの面白さに母と一緒に一晩で全19巻を読み終えてしまいました。

それからというもの、とにかくたくさんの漫画を読み漁(あさ)りました。『ＨＵＮＴＥＲ×ＨＵＮＴＥＲ』や『蟲師(むしし)』といった非常に面白い漫画にも出会い、私の生活は漫画で満たされていきました。暇さえあれば、もっと面白い漫画はないかと必死になって探したものです。

高校生になる頃にはＡＤＳＬというインターネット技術が登場し、それまでに比べてネット環境が飛躍的に良くなります。おかげで日本に興味をもっているフランス人のネットコミュニティに参加することも簡単になり、情報交換などが格段にしやすくなりました。何度も意味のわからない日本語に出くわしましたが、その都度意味を調べたりして、徐々に日本語も覚えていきました。

今でも思い返すと考えていたのは日本のことばかり。本当に日本の文化が気になってしょうがない毎日を過ごしていたのです。

優しい日本人

２００５年3月、19歳になった私についに初めて日本に行く機会がやってきます。漫画家をやっているフランスの友人から「東京国際アニメフェアに出展するんだけど手伝ってくれないか？」と誘われたのです。この誘いがきっかけで、私は初めて日本に行くことになりました。観光も含めて10日間ほどの滞在です。

友人は大人向けのギャグ漫画を書いていて、フランスではアニメ化されるほどの人気でした。そのため当時の東京国際アニメフェアの海外ブースに出展することができたようです。

いつか行きたいと思っていた日本に到着したとき、目に映るもの全てが新鮮で、驚きに満ち溢れていました。満員電車に押し込まれる乗客、綺麗に並んで電車を待つサラリーマン、ルーズソックスをはいた女子高生、乱れなく陳列されたコンビニの商品……気がついたら何でも写真に撮っていました。

特に驚いたのが電車でのマナーです。どんなに混雑していても乗客は乗車マナーを守っていて、こんな光景はフランスでは見たことがありませんでした。毎朝、フランスの地下鉄は戦場のような慌ただしさ。マナーも何もあったものではありません。

日本に滞在中のある日のことです。地下鉄に乗っていると、近くに座っていた女性が突然「わぁ！」と声をあげたことがありました。私のほうがびっくりしてしまいましたが、どうやら携帯を見ていて思わず声をあげてしまっただけのようでした。

ところが、その女性のお父さんが「すみません」と私に謝ってきたのです。しかも、お詫びにいなり寿司までくれました。

フランスだったらまずあり得ないことです。たとえ知らない人から食べ物を差し出されても、何が入っているか分からないので絶対に受け取りません。

でも、そのときの私はいなり寿司をもらって食べたのです。どこかで、この人は信頼できると思ったのかもしれません。

お父さんの名前はマサヒコさん（仮名）。本当にひょんなことがきっかけで、そのマサヒコさんとは色々と話をしました。自分が何者で、なぜ日本に来たのかなど、ちょっとした偶然でこんなに日本人と会話をするとは思いもしませんでした。そして最後、別れ際には連絡先まで交換させてもらいました。

私はこの小さな出来事に感動してしまいました。こんな温かい経験はフランスではなかなかできません。地下鉄の雰囲気は殺伐としているし、街なかでは常にスリに注意する必要があります。

そんなパリにだんだんと嫌気がさしてきていた私にとって、親切で礼儀正しい日本人との出会いは、日本に住みたいという気持ちを強くさせました。

２００７年７月15日、22歳のときに私は再び日本へやって来ました。１度目の日本が忘れられず、もっと色々な場所に行ってみたいと思ったからです。このときは１ヵ月ほどの滞在のなかで、東京だけでなく、大阪や京都まで足を運びました。

地下鉄で出会ったマサヒコさんとも再会することができました。このときは、なんとマサヒコさんに招待され、彼の仲間や友人とともにＢＢＱをご馳走になったのです。マサヒコさんの仲間も私を歓迎してくれて、その日は非常に楽しい時間を過ごしました。

日本の漫画文化や人の優しさに触れ、私の気持ちは大きく日本へ傾いていきました。そして、幸運にも日本でティバンという会社を設立する機会を得て、2009年6月18日に念願の日本への移住を果たしたのです。

この会社がのちにマウントゴックスにも繋がり、ビットコインに出会う機会にも恵まれました。本当に人生何が起こるか分からないもの。それでも、全てのきっかけを与えてくれたのは日本でした。

第5章 知っておくべきリスク

そしてコインチェック事件は起きた

ホットウォレットで保管されていたコイン

2018年1月26日、テレビ画面にはスーツ姿の男性たちが謝罪する姿がしきりに映し出されていました。大量の報道陣やカメラのフラッシュ――。

この日、コインチェックが保管していた約580億円分のNEM（ネム）コインの流出が発表されたのです。同社は、まだ27歳だった和田晃一良社長が創業した仮想通貨取引所で、その操作のしやすさから人気を集めていた取引所の一つでした。

NEMコインが流出した原因は、その保管方法にあったと言われています。あろうことか、ホットウォレットだけでユーザーの全てのコインを保管していたのです。ハッカーもそこを狙ってきました。

詳しくは後述しますが、仮想通貨の保管の方法はホットウォレットとコールドウォレットの2通りあります。仮想通貨の送金に使う秘密鍵（パスワードの役割をするもの）の保管場所がインターネットに繋がっているかいないかで呼び名が異なっています。

ホットウォレットは秘密鍵がインターネット接続のあるサーバーなどに保管されている状態で、コールドウォレットは秘密鍵がインターネットとは遮断されたところで保管されている状態を指します。

本来であれば、取引所は仮想通貨の大半をコールドウォレットで保管しなければなりません。ホットウォレットには、運用に支障がでない程度に、最低限の仮想通貨だけを保管しておくべきなのです。

当時、仮想通貨の仕組みづくりを行っていた金融庁は、仮想通貨の保管にはコールドウォレットが適切であるとの見解で、ＪＡＤＡ（日本価値記録事業者協会、改組して現在は日本ブロックチェーン協会）も仮想通貨取引所はコールドウォレットを利用することが必要だと公表していました。コインチェック側もＪＡＤＡのセキュリティ基準をクリアしていると発表していたのです。

しかし、実際にはＮＥＭコインはホットウォレットで運用されており、その事実には驚くしかありませんでした。

このような運用方法になってしまった大きな原因は、コインチェックの体制が、

ＮＥＭコインの価値の上昇に対応しきれなかったことにあるのでしょう。

仮想通貨は最初こそ価値が低くとも、ビットコインのようにちょっとしたことがきっかけで、その価値が大きく上昇することがあります。

ＮＥＭコインも当初は価値が低い状態だったので、コインチェック側もホットウォレットの保管で十分だろうと考えていたのかもしれません。その後、予想に反してユーザー数や価値が大きく伸びていき、セキュリティ対策が後手に回ってしまったのではないでしょうか。

仮想通貨取引所は顧客のコインを守らなければならず、ちょっとした油断が顧客資産の流出に繋がる恐れがあります。マウントゴックスの一件があったので、私はコインチェックを一方的に批判できる立場ではないと承知していますが、この事件はコインチェックにも少なからず問題があったと言わざるを得ません。

ただし、コインチェックのハッキング事件があったからこそ、日本の仮想通貨に対する法整備が、他国に先んじて進んだという事実も併せて認識しておくべきでしょう。これを受けて、金融庁による仮想通貨取引所の登録審査は一層厳しくなりました。そういった意味では、日本の仮想通貨業界にとって、痛みを伴う大きな前進のきっかけだったと言えます。

相次ぐハッキング被害

仮想通貨の取引所は常にハッカーに狙われる運命を背負っています。理由はとても簡単で、誰が見ても大金があることが明らかな場所だからです。しかも、うまくやれば痕跡も残さずに大金を手にすることができてしまうため、悪意をもったハッカーたちの格好の餌食になりやすいのは言うまでもありません。

ちなみに同じく大金が保管されている場所を狙う銀行強盗は、世界的にも減少傾向にあります。キャッシュレス化が進むスウェーデンでは、年を追うごとに強盗件数が減っていき、２０１７年の強盗の件数はたった11件。驚くほど減っています。日本でも２００７年までは１００件以上の銀行や郵便局での強盗がありましたが、２０１２年以降は年間30件程度しか発生していません。

やはり、防犯カメラの普及や銀行側のセキュリティ対策の充実もあって、わざわざ姿を現して犯罪行為を行うのはリスクが大き過ぎるのでしょう。

一方で、世界的にみても仮想通貨取引所のハッキング被害はとどまることを知りません。主なハッキング被害を左にまとめました。

・2012年9月 米国 Bitfloor 2万4000BTC（当時2500万円）
・2015年1月 英国 Bitstamp 1万9000BTC（当時5億円）
・2016年8月 香港 Bitfinex 12万BTC（当時66億円）
・2018年2月 イタリア BitGrail 1700万XRB（当時200億円）
・2019年5月 香港 Binance 7000BTC（当時44億円）

66億円や200億円といった被害額をみるに、まさに桁違いの犯罪だということが分かると思います。いくらセキュリティ対策を万全にしたと思っても、思わぬところに空いた穴に気がつかないこともあるでしょう。少しでもセキュリティに脆弱性があるとスルスルと入り込んでくるのがハッカーです。ユーザーから多額のコインを預かっている仮想通貨取引所にとっては恐ろしい存在です。

ここ日本でも、2018年9月14日にZaifがハッキング被害を受けてしまいました。同社が管理していたビットコイン、ビットコインキャッシュ、モナコインの3

種類の仮想通貨が何者かによって不正送金されてしまい、約70億円もの被害を出してしまったのです。そのうち約45億円は顧客から預かっていた資産。ユーザーの入出金に対応するための仮想通貨をホットウォレットで保管していたところをハッカーに狙われたということでした。

これに対応するため、２０１８年10月にZaifの運営元であるテックビューロは、同じく仮想通貨取引所を運営しているフィスコグループの子会社にZaifを譲渡する契約を結び、ハッキングによる被害の弁済はフィスコが全て応じることになりました。

コインチェックに続き、再び日本でも仮想通貨取引所がハッキング被害に遭ってしまったことは非常に残念ですが、仮想通貨取引所とハッカーの攻防は今後も続くと思われます。ハッカーたちは常に仮想通貨を狙っていると考えたほうが良いでしょう。

マウントゴックスも、ハッキングの危機にさらされていた

突然の電話

「すぐに全ての取引システムを停止させたほうがいい」

夜中3時の突然の電話に私は飛び起きました。ビットコインとのきっかけを作ってくれたペルー在住のフランス人が、慌てた様子で電話をかけてきたのです。

「まさか……」

嫌な予感は的中しました。パソコン画面に映し出されていたのはビットコインの異常な値動き。すぐに全ての取引を停止させました。

2011年6月、マウントゴックスは初めてハッキング被害に遭いました。

2011年4月、タイム誌にビットコインが取り上げられてからというもの、私

たちは爆発的に増えたユーザー対応に追われていました。マウントゴックスを譲り受けた当初に計画していたプログラム改善を行う時間などありません。プログラムの不具合が出ても、その場しのぎの応急処置を行うことで精一杯でした。

そんな状態でも悪意を持った人間は待ってくれません。ハッカーは創業者のジェド・マカレブのパスワードを使い、マウントゴックスの管理画面にアクセスしてきたのです。それは口座の残高すらも自由に変更できることを意味していました。

ただ、当時のマウントゴックスのシステムでは、1日あたり1000ドル分までのビットコインしか引き出すことができませんでした。

そこでハッカーは新たに口座を作り、多額のビットコインを入金した記録を作成。それを一気に売ることでビットコイン自体の価値を大幅に下げ、1日あたりに取引できるビットコインの取引量を増加させようと企んだのです。価値が下がったときに1000ドル分のビットコインを自身の口座から引き出し、値崩れが起きていない別の仮想通貨取引所で換金しようと考えたのでしょう。

いざビットコインを売却しようというとき、ハッカーは大きな誤算に気づきます。あまりに多くのビットコインを一度に売ろうとしたため、つぎはぎだらけのシステムが処理しきれなくなってしまったのです。

この段階で異変に気がついたペルー在住のフランス人ユーザーから電話をもらい、全てのシステムを停止させることができました。

それでも被害総額は2000BTC。当時で約3000万円です。プログラムが正常に動いていたら、もっと大きな損害になっていてもおかしくない状況で、システムに不具合があったからこその不幸中の幸いでした。

譲り受ける前にも

実は、私がマウントゴックスを譲り受ける以前にも、ハッキングに近い行為があったことをジェドから聞かされました。

まだジェドがマウントゴックスを運営していた2011年2月、ハッキングまがいの怪しい行動をしている顧客が一人いたそうです。ジェドが彼の行動を咎めると逆に訴えてこようとしたといいます。なんとも恐ろしい話ですが、当時はお金もなかったために弁護士も雇えず、法的制裁を加えることができなかったと明かしていました。

そもそもジェドからマウントゴックスを譲り受ける時の契約書には「残高が不足していることがある」といったことが書いてありました。もちろんジェドに問い質し、新たな契約書を作ってもらいましたが、問題の箇所は「責任を一切負わない」といった表現で書き直されていただけ。

当時を振り返ると私は少しお人好し過ぎたと思います。「彼も一所懸命プログラミングをしたのだからしょうがない」と同情してしまい、契約を進めてしまったのです。

2011年3月、いざ事業を譲り受けると、突然ジェドから「8万ビットコインを何者かに盗まれた」と連絡がありました。そんなバカな、と思いましたが、すでに契約は終わっており、私はなんとかマウントゴックスを継続させないと、と焦りました。

ジェドにどのような意図があったのか分かりません。ただ、相次ぐトラブルに嫌気がさして、早く会社を譲りたかった気持ちが少なからずあったのだと思います。

ハッキング攻撃は1分間に数百件

２０１１年６月にマウントゴックスで発生したハッキング以降、私は全てのセキュリティを見直しました。

例えば、ハッキング攻撃を防ぐためにサーバーを新たに複数用意したのもその一つです。もし１台がハッキングされてしまっても、複数のサーバー構成になっていれば、他のサーバーで持ちこたえることができます。火災のときの防火壁のようなイメージでしょうか。複数の壁が用意されていることで、ハッカーの侵入を防ぐことができるというわけです。

それでも気休めにしかならないのが悲しいところ。ハッカーがいつ攻撃をしかけてくるかは予測不可能で、多い時は１分間に数百件も攻撃をしてくることがありました。万が一に備えて、常にプログラムをモニタリングしていなければならず、毎日がとてつもないプレッシャーとの戦いです。

当時の社員や秘書に私の評判を聞いたら「居眠りばかりしていた」と答えるかもしれません。実際、会議と会議の合間に寝てしまっていたり、ときには自分のいびきで起きることさえありました。そんな姿を周囲に見せてしまったことは非常に反省すべき点だと思っています。

しかし、当時は2時間も睡眠が取れれば良いほうで、私の心身は限界に達していました。もうあのときのような生活には二度と戻りたくないというのが現在の本音で、それほどの責任や重圧が私にはのしかかってきていました。

ホットウォレットとコールドウォレット

管理には「ウォレット」が必要

仮想通貨を手に入れたいと考えたとき、ほとんどの人が仮想通貨取引所でコインを購入することになります。国内だけでも20近い取引所が存在していますが、購入の流れは基本的に一緒です。

まず、取引所のサイトで登録をしなければ取引を始めることはできません。本人情報を入力し、さらにマネーロンダリング防止のため、身分証明書の画像を登録する必要があります。登録が完了すると、自分のアカウントが使えるようになり、ビットコインや他の仮想通貨の購入や受け取りができるようになります。

紙幣や硬貨の保管に財布を利用するように、仮想通貨の保管にも「ウォレット」というものを使用します。財布というより口座に近いもので、仮想通貨の送金や受け取りをする際に必要となります。

ただし、ここで認識しておくべきなのは、購入した仮想通貨を管理しているのは、あくまで取引所だということです。取引所の画面上では各ユーザーの残高や取引記録が映し出されていますが、実際はユーザーの仮想通貨は取引所のウォレットで集中的に管理されています。そのため、取引所のウォレットをこじ開けられてしまうと、多額の仮想通貨が流出することになりかねません。

2種類のウォレット

仮装通貨取引所での通貨の管理は、銀行におけるお金の管理にも似ています。銀行が顧客から預かったお金は、主に窓口と金庫の2ヵ所で保管されています。

窓口は、日常のちょっとしたお金のやりとりをするのに便利ですが、セキュリティ面では弱い部分があります。もし銀行強盗がやってきたら、一番先に狙うのは窓口にあるお金でしょう。

一方で、金庫は日常的なお金のやりとりには向きませんが、セキュリティ面は窓口に比べると堅牢です。

同じように仮想通貨にも2種類の保管方法があります。それがホットウォレットとコールドウォレットです。イメージとしては、「ホットウォレット＝窓口」、「コールドウォレット＝金庫」だと考えてください。

銀行の全てのお金を窓口に保管していたら、いとも簡単に強盗に盗られてしまいます。だから、仮想通貨取引所は、ホットウォレットとコールドウォレットを使い分ける必要があるのです。ハッキングのリスクに備えるため、ホットウォレットで保管する仮想通貨は最小限に抑え、大部分はコールドウォレットで保管しておくのが通常の管理方法です。

ホットウォレットとコールドウォレットの違いは、仮想通貨の重要な情報がどのような状態で保管されているかです。

ビットコインで言えば、管理にはビットコインアドレスと秘密鍵というものが必要です。アドレスは口座番号のようなもので、秘密鍵はその名の通りビットコインの送金のために使う重要なパスワードのようなもの。この秘密鍵が他人に知られてしまうと、自分のビットコインを勝手に別のアドレスへ送金されてしまいます。

ホットウォレットは、秘密鍵をインターネットに繋がった環境で保管している状態です。実は、取引所が提供するウォレットやスマホアプリのほとんどがホットウォレット。すぐに送金や受取りができるという利点がある一方で、インターネットと繋がっているため、ハッカーに秘密鍵を盗み出されるリスクがあります。

コールドウォレットは、名前からも連想できるように、秘密鍵をインターネットから切り離された環境で保管しています。そのため、ホットウォレットに比べるとセキュリティ性は高いと言えるでしょう。

徹底したペーパーウォレット管理

代表的なコールドウォレットの一つに、ペーパーウォレットというものがあります。これはビットコインアドレスと秘密鍵の情報をＱＲコードにして紙に印刷する方法で、インターネット上やパソコン上にビットコインの重要情報を一切残しません。

ただし、ペーパーウォレットですら、そのＱＲコードを印刷するコンピュータがハッキングされてしまったら、ビットコインの秘密鍵がどこかに流出してしまう恐れがあります。

ここからは、そのリスクをさらに減らしたい方のために理想的な方法をお伝えしますが、そこまで求めていない方も、いかにセキュリティに気を使わなければいけないのかを感じていただければと思います。

まず、セキュリティを徹底するならば、ペーパーウォレットを作るたびに、新たなパソコンとプリンタを購入しなければいけません。その際も、リスクを考えて通販は使わない方がいいでしょう。なぜなら、郵送のタイミングでウイルスを仕込まれる可能性もゼロではないからです。

実際に、ある会社が機密情報を記録したCD-ROMを社員に送ったところ、郵送の段階でウイルスを仕込まれたケースがあります。何も知らない社員がそのままパソコンにCD-ROMを入れたら、中国の企業に情報が盗まれてしまったのです。

購入したパソコンとプリンタは、ハッキングを防ぐためにも、インターネット接続を一切行わないことが重要です。ただ、その場合は、ペーパーウォレット作成ソフトをプログラミングでインストールすることになるので、相当な知識が必要です。

念には念を入れ、QRコードは3セットほど印刷しておいて、それぞれを別の封筒に入れて保管するのが理想です。

そして最後、部屋を出る前にパソコンとプリンタを破壊します。つまり、部屋から出てくるのは、バラバラになった端末と封筒だけ。3セットの封筒はそれぞれ別の金庫に保管し、2セット残っていればビットコイン情報を復元できるような設定にしておきます。

以上を毎回行えば、ペーパーウォレットの管理におけるリスクをかなり減らせるはずです。しかし、個人のレベルで行うにはあまりにも手間とお金がかかってしまい、とても現実的ではありません。

一般的には、いつものパソコンとプリンタでQRコードを複数セット印刷し、それらを別々に保管しておけば、ホットウォレットに比べてセキュリティは高くなるでしょう。

個人がしておくべきリスク対策

手軽なハードウェアウォレット

より手軽に使えるコールドウォレットとしては、ハードウェアウォレットというものが人気を集めています。

ハードウェアウォレットは、ＵＳＢ端末のようなものに秘密鍵を保管する仕組みです。仮想通貨の取引をする際には、ハードウェアウォレットをパソコンに接続し、端末自体に設定されている暗証番号を入力する必要があります。端末内の情報は絶対に変更できないようになっているため、かなり安全な保管方法だとも言われてきました。

それでも、暗証番号をパソコンで入力するタイプの端末は、自身のパソコンがハッキングされてしまうと暗証番号が流出するリスクがあります。最近では、端末自体に暗証番号を入力するタイプも登場していますが、それすらも安全とは言い切れません。

ハードウェアウォレットを購入した人が、まず行わなければいけないのが復元用のリカバリーフレーズをメモし、大切に保管しておくことです。もし端末内のデータが何らかのアクシデントで消去されてしまっても、それらを入力することでデータを復元できるようになっています。リカバリーフレーズのイメージは、ドラクエなどのRPGでかつてあった「復活の呪文」に近いものです。パスワードと同様のものであるため、自分しか知り得ない状態にしておかなければいけません。

ときには、24単語のリカバリーフレーズがすでに決められた端末が送られてくることがあります。ハードウォレットの仕組みにあまり詳しくないユーザーからしたら「そういうものなのか」と思い、そのまま指定された単語を入力してしまうかもしれませんが、絶対にやってはいけません。

入力してしまったら最後、悪意のある人間が所有する端末からあなたの端末情報にアクセスできるようになり、まんまと仮想通貨が盗み出されてしまいます。実際に同様の被害は世界中で報告されており、ハードウェアウォレットの製造元も注意喚起を行っています。

ほかにも、ハッキング可能な細工を施されたハードウェアウォレットが送られてくることもあり、保管していたはずの仮想通貨がいつの間にか盗まれていたという被害も報告されているようです。

このような被害を防ぐためにも、素性の分からない店やサイトからは絶対にハードウェアウォレットを購入しないでください。フリマアプリやネットオークションで購入するなどもってのほかで、公式サイトから購入するようにしましょう。

家に端末が届いた時点でも、開封された痕跡がないか必ず確認してください。当然ですが、すでにリカバリーフレーズが設定されていたらアウトです。

ハードウェアウォレットのセキュリティレベルは相対的に高いとはいえるかもしれませんが、だからといって絶対の安全を保証するわけではありません。世界中のハッカーたちは、取引所のような多額の仮想通貨を扱う場所だけにとどまらず、個人レベルの仮想通貨ですらあの手この手を使って狙っています。

仮想通貨は形こそありませんが立派な資産です。その大事な資産を保管するという視点を決して忘れずに、注意深く扱いましょう。

リスクはゼロにはできない

ホットウォレットよりもコールドウォレットで仮想通貨を保管するほうが、より安全に仮想通貨を管理できるとは言えるでしょう。しかし、ペーパーウォレットとハードウェアウォレットを比較した時に、どちらがより安全であるかは個人の環境によるとしか言えません。

仮想通貨の情報をペーパーウォレットとして紙に印刷しても、結局はその紙をコピーされてしまったり、盗まれてしまったらおしまいです。盗まれないまでも、インクが劣化して読み込めなくなったり、紙自体を紛失してしまうことも十分考えられるでしょう。

ハードウェアウォレットにも、さきほど説明したようなハッキング可能な細工がされている可能性がありますし、ハッキング技術の向上で、今までのハードウェアウォレットのセキュリティが突破される日がこないとも限りません。

結局のところ、どのウォレットを使ってもハッキングのリスクはゼロにできないのです。

ただ、それは決して仮想通貨だけの話ではないはず。日常生活において、何者かに財布を盗まれてしまう被害は往々にしてあります。クレジットカード情報をスキミングされることもあれば、通販サイトに登録していたクレジット情報が流出して、勝手にクレジットカードを使われることだって発生しているわけです（クレジットカードの場合は、カード会社に不審な取り引きを取り消してもらうことが可能ですが）。

通貨に限らず価値のあるものには、必ず失うリスクが存在しています。ですから、仮想通貨を扱うことを必要以上に恐れる必要はありません。仮想通貨を保管する際は、まずはそれぞれの保管方法の特性を知ったうえで、自らの性格や生活習慣も考慮して、自分が一番保管しやすいと思った方法を見つけてください。

第6章 仮想通貨の未来

ビットコインの課題

秘密鍵と公開鍵

あなたが銀行を利用して、誰か宛てに送金する場面を思い浮かべてみてください。1万円を送金したつもりが、相手に届いたのは8000円だった。あるいは、あなたの口座ではなくて、全く別人の口座から相手に送金されていた。そんな奇妙なことを経験したことがある人はいないでしょう。

なぜなら、あなたが利用する銀行がしっかりとセキュリティ管理を行い、顧客のサービス利用時に不具合が起こらないように対策しているからです。いわば、中央管理者がいるおかげで享受することができる安心感とでもいいましょうか。当然、より強固なセキュリティが必要な場合は、管理者によってすぐに導入されることでしょう。

一方で、ビットコインには中央管理者が存在しません。その代わりに、テクノロジーやシステムの力によって、管理者がいなくともセキュリティを高められる仕組みが実現しています。

その一つが暗号化技術といわれるものです。仮想通貨が暗号通貨と呼ばれるのを聞いたことがあるかもしれません。多くの仮想通貨にはセキュリティを堅牢にするために暗号化技術が使われており、ビットコインにもその技術が組み込まれています。

ビットコインの取引は、銀行の取引と異なり、管理者不在のまま、なおかつ匿名で行われています。ですから、太郎さんがマルクさんに１ＢＴＣを送金したとしても、二人のアドレスと名前が結びついていない人間にとっては、誰が誰に送金しているのかすら分かりません。それでも、その取引が本当に太郎さんからマルクさんに送られているのか、途中でデータが改ざんされていないかなど、正当性を確かめる必要があります。

そこで、暗号化技術によって作成された秘密鍵とその対となる公開鍵が大きな役割を果たします。これらによって、ビットコインの取引は、中央管理者不在でも、匿名のままで正当な取引を続けることができるのです。

秘密鍵は、銀行口座で例えると銀行印のようなものであり、取引を承認する際に使う大切な鍵でもあります。当然、他の人に知られてはいけません。

例えば、「太郎さんがマルクさんに1BTCを送金する」という取引が発生した場合、太郎さんの秘密鍵によって、この取引は承認されます。秘密鍵は本人しか知りえない鍵なので、秘密鍵が流出しない限り、太郎さん本人しかこの取引を承認することができません。

そして、公開鍵は、秘密鍵によって承認された取引内容を、他のユーザーが確認するために使われます。公開鍵は秘密鍵をもとに作られた特製のペアキーであるため、秘密鍵Aで承認された取引は対となる公開鍵aでしか中身を確認することができません。つまり、太郎さんが秘密鍵Aの所有者だとした場合、公開鍵aで中身を確認することができた取引は、太郎さんによって行われたものであるという証明になるのです。

公開鍵は新たに発生した「太郎さんがマルクさんに1BTCを送金する」という取引情報とともに、ビットコインのP2Pネットワークに広がり、他のユーザーたちの検証に使われます。そして、「太郎さんがマルクさんに1BTCを送金する」という取引内容をその公開鍵で無事に確認できれば、この取引は正当なものであると判断されるというわけです。

このような暗号化の仕組みによって、たとえ太郎さんという名前が分からずとも、取引内の送金者が特定の人物であること、取引の中身が途中で改ざんされていないということが確認できるようになっています。

セキュリティ技術には使用期限がある

暗号化技術が利用されているのは、ビットコインなどの仮想通貨だけではありません。仮想通貨とは縁のない人も、日々の生活の中で知らず知らずのうちに目にしているものがあります。

代表的なのがウェブサイトです。ウェブサイトのＵＲＬを見ると、似たような文字列から始まっていることに気がつくと思います。実は、この文字列には２つの種類があり、「http」から始まるＵＲＬと、もう一つ「https」から始まるＵＲＬも存在しています。

２つの違いは暗号化によるセキュリティレベルです。

「http」から始まるホームページは通信内容が暗号化されていません。そのため、ネットショッピング等で入力する個人情報やクレジット情報などが、悪意ある第三者から丸見えになる可能性があります。

それに対して、「https」から始まるホームページは、「SSL」という暗号化技術によって通信内容が暗号化されているので、悪意ある第三者が通信内容を見ようとするのを防いでくれています。

ただし、セキュリティの世界に「絶対」や「永久」という言葉は存在しません。「SSL」が開発されたのは1994年です。その後は、新たな脆弱性などが発見されるたびに更新を続け、常にセキュリティレベルを保とうとしてきました。現在では、さらに進化した「TLS」という暗号化技術も開発されるにいたっており、「https」から始まる多くのウェブサイトに実装されています。

ウェブサイトのセキュリティは進歩を続けていて、必要であれば各管理者がすぐに最新版を導入することができる環境になっています。私たちが安心してネットショッピングを楽しめるのは、暗号化技術の日々の進化のおかげでもあるのです。

それでは、ビットコインのセキュリティ事情はどうなのでしょうか。

秘密鍵や公開鍵など、ビットコインを支えている暗号化技術には「ECDSA」

というものが導入されています。ここでは技術的な説明には踏み込みませんが、すでにこの技術はビットコインがスタートした２００９年から使用されていて、導入からおよそ10年が経過しようとしています。

素晴らしいことに、これまで一度も破られたことがありません。ただ、あくまで「これまで」の話です。「これから」を考えると、私は少し不安に感じる部分があります。実際、ソニーが２００６年にリリースしたプレイステーション３のゲームにＥＣＤＳＡが使われていましたが、ハッキングされた前例もあります。

技術の進歩は恐ろしいくらいのスピードで進んでいます。10年前に、現在のスマートフォンの爆発的な普及、UberやAirbnbなどのシェアリングエコノミーを牽引する企業の登場を予測できた人が、果たしてどのくらいいたでしょうか。

それこそ、10年前はビットコインに使われている「ＥＣＤＳＡ」も最新技術でした。おそらく実際の開発に携わった技術者たちも、長いスパンを見越してこの技術を選択したに違いありません。それでもいつか限界はやってきます。

本来ならば、セキュリティ技術は少なくとも毎年更新を検討すべきです。なにより、今までの技術よりも安全性の高い技術が開発されることも考慮して、すぐに導入できるような体制にしておかなければいけません。

しかし、ビットコインが新たな暗号化技術に対応するのは難しいと言わざるをえません。

ビットコインからビットコインキャッシュが分裂したことを思い出してみてください。騒動の発端は、ユーザーの爆発的な増加によって引き起こされたビットコインの送金時間の遅延でした。ビットコインの細かな保守を行ってきたビットコイン・コアは、ブロックチェーンのブロックに含まれる取引データの容量を圧縮することで遅延に対応することを提案。対して、中国の巨大マイニンググループを中心とする一派は、ブロックの容量を大きくすることを主張しました。1年以上も論争が続いたすえに、最終的には中国の一派が主導することでビットコインからビットコインキャッシュが分裂しています。

中央管理者がいない通貨はある種の理想ではありますが、ときには利害を調整する人間がいないことで、いつまで経っても争いが終結しない事態も起こり得ます。それを踏まえると、多くの人間の思惑が交差するビットコインでは、新たな暗号化技術の導入を巡っても一波乱ありそうです。

大量の電気を消費する通貨

これまでビットコインの内部、あるいはユーザーに関係する不安を述べてきました。しかし、実はビットコインの与える影響は、コインを所有しない人間にも及んでいます。

私がなによりも懸念しているのは、ビットコインのために大量に使われる電力です。みなさんは、PoWのために世界中でどれだけの電力が使われているのかご存知でしょうか。

PoWは、マイニングに成功したマイナーだけが、新たなブロック作成の責任者になることができると同時に、報酬をもらうことができる承認システムです。くじ引きのような性質をもっているため、同じユーザーが連続してマイニングに成功する可能性が非常に低く、悪意あるユーザーが不正を行うのを防いでくれています。

くじ引きに当たる確率をあげるには、当然ながらくじをたくさん購入するしかありません。マイニングにおいて、それは高性能マイニングマシンを大量に稼働させることを意味します。もはやビジネスとして成り立っている状態で、世界中でマイニングマシンが大量に使用されています。

大手会計事務所PwCの分析官アレックス・デフリースが運営する経済情報サイト「Digiconomist」では、２０１９年5月5日時点でのビットコインの年間電力消費量を約60TWhだと試算しています。これは、スイスの年間電力消費量に匹敵するほどです。

ちなみに、国際エネルギー機関（ＩＥＡ）が発表している「Key World Energy Statistics 2018」を確認すると、２０１６年におけるスイスの年間消費電力量は１４４ヵ国中44番目。つまり、この下に１００の国が名を連ねていることになり、世界規模ではマイニングよりも電力消費量が少ない国のほうが多いことを意味します。いかにマイニングが大量の電力を必要としているかが分かっていただけたのではないでしょうか。

マイニングは24時間休むことなく続けられるため、安価かつ安定した電力が好まれます。環境負荷が少ないとされる太陽光発電や風力発電などは、時間や気候に左右されることもあるため、まだまだ安定的に供給できる電力とは言い難いのが現状です。

そうなると、自ずと選ばれるのが火力発電や原子力発電などの環境負荷の高い電力です。「Bitcoin emissions alone could push global warming above 2°C」というビットコインのマイニングのために排出されるCO$_2$を調査した論文によると、２０１７年にはビットコイン関連だけで約６９００万トンのCO$_2$が排出されたと述べられており、このまま拡大していくと２０３０年代半ばには地球の平均気温が２度上昇する可能性があると指摘されています。

そもそも、電力は人間が何かしらの物を作る場合など、何か生産的な用途のために使われることが望ましいはずです。それに比べると、ビットコインで大量消費される電力は、主にマイニング成功確率を上げるためだけに使われています。

しかも、マイニングにおける採掘速度を意味するハッシュレートは年々上昇傾向にあります。ごく単純に考えると、ハッシュレートが上昇しているということは、マイニングマシンの計算量が増えているということであり、それだけ電力の消費量が増えていることを意味します。

一方で、ビットコインの価値に目を向けると停滞気味です。電力消費量は増加傾向にあるにも関わらず、通貨としての価値はさほど上がらないというなんとも皮肉な状態にあります。

PoWという仕組みが画期的だったことには間違いありませんが、未来における仮想通貨の議論をさらに進めるためには、仮想通貨のシステムが世界へ及ぼす影響についても考え直す段階にきているのではないでしょうか。

PoWに代わるものがあれば世界が変わる

PoWに代わるものが存在しないわけではありません。

例えば、「PoS（プルーフ・オブ・ステーク）」は、所有しているコインの量に比例してマイニング成功確率が上昇する仕組みになっています。よって、高性能マイニングマシンを大量に保有するマイナーが有利になったり、膨大なマシンの使用によって大量の電力を必要とするといった状態には陥りません。まさしくPoWの課題を乗り越えようと開発された承認システムで、「DASH（ダッシュ）」や「NEO（ネオ）」といった仮想通貨で使われています。

ただ、保有するコインが多い人ほど有利になるシステムということもあり、平等性という観点では課題が残っているのは確かです。

他にも、PoWやPoSの課題を解決しようと、「PoI（プルーフ・オブ・インポータンス）」という承認方法も登場しています。採用されていたのは、コインチェックの流出事件で有名となった「ＮＥＭ」という仮想通貨。

ＮＥＭは「New Economy Movement」の略称で、金銭や機会の自由・平等や連帯感を掲げて、平等で分散的なプラットフォームの実現を目標としていました。

PoIはＮＥＭのネットワーク内の貢献度によって報酬をもらえる確率が上がる仕組みになっています。所有しているコインの量だけでなく、取引額や取引回数などに応じて確率が上昇するため、たとえ大量にコインを持っていなくとも頻繁に使っていれば、新たなコインを獲得できるチャンスが与えられています。

しかし、PoIもコインを大量に持っているユーザーが有利な状態を根本的に解決したわけではありません。

どの承認システムも新たなアイデアを形にする姿勢は素晴らしいですが、なかなか理想的な代替策となっていないのがもどかしいところです。新たな承認システムについては今なお世界中で研究が続けられています。今後、理想的な新しいシステムが発見されたら世界は大きく変わるはずです。

ＩＣＯのこれから

新たな資金調達の始まり

今や日本でもベンチャー企業が当たり前となり、その存在感は日を追うごとに増していています。創業間もない時期や新たなプロジェクトを開始させようという時に、彼らを悩ますのが資金調達ではないでしょうか。

そんな彼らの資金調達の一つの方法として、ベンチャーキャピタルからの投資があります。ベンチャーキャピタルは、成長性が高いと考えられる未上場のベンチャー企業に投資やアドバイスを行い、上場後の株式売却によって利益を獲得する投資会社です。ベンチャー企業が成長するにあたって、ありがたい存在とも言えるでしょう。

それとは別に、ＩＰＯ（「Initial Public Offering」の略）という資金調達方法があります。新規株式の公開を意味するもので、要するに株式会社になり、株を投資家に購入してもらうことで大きな資金を集める方法です。上場した企業は多額の資金を弾みに、今まで以上に大きな事業に取り組むことが可能となるため、ベンチャー企業にとっては会社経営における一つの転換点とも捉えられています。

ただし、ベンチャーキャピタルからの投資にしても、ＩＰＯにしても、ベンチャー企業は厳しい審査にさらされます。事業内容、成長性、社内体制などから、本当に利益を上げられる企業かどうかを見極められるのです。企業側も相当な準備を迫られるので、ホイホイとお金を集められるわけでは決してありません。

その点で、クラウドファンディングはそこまで資金調達のハードルが高くないのが特徴です。第三者による事業内容の厳しい審査などは不要で、インターネットを通じて新規プロジェクトに賛同してくれる人を募集するだけ。手軽に資金を集めることができるので、ここ数年で大きな注目を集めています。

例えば、新たな製品を開発するプロジェクトで資金を募集しているとしましょう。出資者はあらかじめ決まった出資額の選択肢から、好きな金額を選んで開発者側へ出資します。無事に成功した場合、５万円の出資者には新商品をプレゼント、３万円の出資者には新商品を70％オフで購入できるクーポンなど、出資者は金額に応じたリターンを開発者から受け取ることができる仕組みです。

同様の仕組みが仮想通貨界隈でも成り立っています。それが、ICOと呼ばれる資金調達方法です。「Initial Coin Offering」の略称で、主に仮想通貨によって資金調達を行うことを指しています。

イメージとしては、クラウドファンディングに似ていますが、大きく異なるのは資金調達の方法です。開発者側がトークンを発行し、それを出資者側がビットコインやイーサリアムで購入することで資金を集める仕組みになっています。

トークンとは企業独自の仮想通貨のようなもので、発行元である企業のサービスを利用する際に使用することができたり、仮想通貨取引所で扱われるようになれば売却することも可能です。

出資者は、トークンの売却益を狙ってプロジェクトに出資していることがほとんどでしょう。出資額は徐々に過熱していき、2017年のICOにおける全世界の資金調達額は約55億ドル、2018年には過去最高の約215億ドルに達しています。

ICOは企業側も資金が集めやすい一方で、出資者側も大きな売却益を狙えるメリットが非常に魅力的でした。新たな資金調達の方法に多くの人間が希望を感じていたのです。

大半が詐欺

ところが、これまでＩＣＯによって資金調達をしたプロジェクトのなかで、大成功したといえるものはほとんどありません。現在、必死に頑張っている開発者もいるかもしれませんが、多くのプロジェクトが失敗に終わっています。それでも、努力してダメだったプロジェクトはまだ良いほうです。

一番の問題は詐欺まがいのプロジェクトが多いことです。資金だけ集めて姿を消してしまったり、なんだかんだ理由をつけて全くプロジェクトを進めようとしないＩＣＯ案件は山ほどあります。

２０１８年には、ベトナムでＩＣＯによる約７００億円の詐欺が発生しました。プロジェクトメンバーたちは出資者に毎月の高額な利回りを約束し、なんと３万２０００人から多額の資金調達を行うことに成功しています。当初は配当が振り込まれていたので、出資者も安心していました。ただ、夢のような時間はつかの間で、しばらくして配当はストップし、メンバーたちは忽然（こつぜん）と姿を消してしまいました。

詐欺グループは、美しいウェブサイトの作成や各地での講演会を行っていたらしく、その巧妙に演出された本物らしさから多くの人がプロジェクトを信じてしまったようです。

美辞麗句を並べ立てたり、華々しいキャリアを持つメンバーをアピールしたりするのは詐欺の常套手段です。メンバーのプロフィール欄が全てでっち上げで、掲載写真もネットから拾ってきた素材を貼り付けただけというプロジェクトも数えきれないほど存在しています。

そもそも、ＩＣＯは手軽に資金を調達できる反面、プロジェクトの実現性や成長性といったものを誰かが厳密に審査してくれているわけではありません。ホワイトペーパーと呼ばれる非常に簡易的な事業計画書さえ公開すれば、簡単に出資の募集をスタートさせることができてしまいます。

世界的にも、詐欺ではないＩＣＯを見つけることのほうが難しくなっているのが現状で、あまり仮想通貨を理解していない人が手を出すのは非常に危険です。なかには健全なプロジェクトも存在しているので、全てが詐欺だとは言いきれませんが、出資を検討する際は注意深くプロジェクト内容や関わっている人間を精査してください。少しでも怪しいと感じたら手を出さないのが賢明です。

法整備が待たれる

ＩＣＯへの対応は国によって異なります。中国は２０１７年９月に、ＩＣＯを「経済と金融の秩序を乱す違法な活動」だとして全面禁止にしました。仮想通貨取引にも規制を行ってきた中国なら当然の考えでしょう。

同じく韓国でもＩＣＯは禁止されています。２０１７年には取引高が世界一になるほど韓国では仮想通貨が人気を集めていましたが、２０１７年９月に韓国金融当局は、ＩＣＯによる資金調達を全面禁止にすることを決定しました。

禁止にはしないまでも、規制に乗り出す国はシンガポール、ドイツ、オーストラリアなど、いくつかあります。

なかでも、アメリカは規制に力を入れている国の一つで、米証券取引委員会（ＳＥＣ）は条件次第でトークンが有価証券の一種となる見方を示しており、該当するトークンは連邦証券取引法の対象になると結論づけています。

企業の資金調達に対して投資家が見返りを期待したうえで資金を提供していると

いう点で、トークンの購入と株式などの有価証券への投資が似ていることは確かです。そうなると、投資家保護の観点から規制をしないわけにはいかないというのがアメリカの考え方なのでしょう。

仮に、トークンが有価証券と同等と見なされた場合、発行体やトークンを扱う取引所はSECに登録するか、登録義務免除の申請をしなければいけません。それらが守られずに無許可で行われたICOは違法行為として扱われます。

実際に、SECが不正なICOを取り締まるケースもあり、2018年1月には約6億ドル（約653億円）を調達したとする大型ICOを差し止めました。このICOがSECへの登録を行わなかったうえに、虚偽の情報によって投資家を勧誘していたという理由で、SECは不正取引の取り締まりに動いたようです。

さらに、2018年11月にはICOで資金を調達した2社が、SECによって罰金を科されました。新興国向けにモバイルバンキングを提供するプロジェクトのICOを行った「CarrierEQ」と、合法大麻の販売プラットフォーム構築を目指すためのICOを行った「Paragon」は、無許可で有価証券とみなされるトークンを発行したとして、それぞれ25万ドル（約2500万円）の罰金を支払うことになったのです。

そして、今後注目なのがカナダ企業ＫｉｋとＳＥＣの攻防戦です。同社はＬＩＮＥのようなメッセージングアプリを開発している企業で、２０１７年に行ったＩＣＯでは９８００万ドル（約１１０億円）を調達しています。

しかし、ＳＥＣは無許可で有価証券と同等のものを発行したとして、Ｋｉｋに対して証券取引法に違反している旨を通知しました。その後、Ｋｉｋも黙っていられないとばかりに、ＩＣＯで発行したトークンが有価証券に当たらないとする反論文書を発表しています。

今後の展開としては、裁判にもつれ込む可能性も十分考えられます。仮にＫｉｋが勝訴すれば、ＩＣＯの扱いが一転するかもしれませんし、逆にＳＥＣが勝訴すればＩＣＯに対する取り締まりがより厳しくなるかもしれません。

ＳＥＣがカナダ企業すらも取り締まりの対象としているということは、海外企業だから関係ないとは言い切れないことを意味します。両者の今後によっては、ＩＣＯに関連する日本企業にも余波が及ぶかもしれません。

一方で、いまだに日本は明確な規制がなされていません。２０１７年10月に金融庁から「ＩＣＯについて　～利用者及び事業者に対する注意喚起」という文書が発表されていますが、文字通り注意喚起にとどまっています。

ただ、さすがに金融庁や有識者も野放しにするのは危険であると考えているようで、「仮想通貨交換業等に関する研究会」ではＩＣＯの規制について言及しています。

２０１８年12月21日に公表された報告書では、「ＩＣＯについては、様々な問題が指摘されることが多い一方で、将来の可能性も含めた一定の評価もあることを踏まえれば、現時点で禁止すべきものではない」と述べています。

今後は、「適正な自己責任を求めつつ、規制内容を明確化した上で、利用者保護や適正な取引の確保を図っていくことを基本的な方向性」としています。

具体的には、有価証券のように情報開示をする仕組みや、第三者がトークン発行者の事業・財務状況について審査を行う仕組み、勧誘を制限する仕組みなどを整えることが検討されています。

あまりに厳しい規制だと、資金調達のハードルが低いというＩＣＯのメリットが失われる恐れもあるため注意が必要ですが、前向きな話し合いが行われていること自体は非常に評価すべきだと思います。

世界的に詐欺まがいのＩＣＯが多発していることは残念ですが、一方でベンチャー企業やスタートアップ企業の新規プロジェクトの後押しになり得る可能性が残されているのも事実です。トークン発行企業と出資者双方を支えるような仕組みが待たれます。

ただし、規制の整備はあくまでスタートに過ぎません。規制の枠組みが出来上がった後は、ＩＣＯに対する怪しいイメージをいかに払拭（ふっしょく）できるかが課題となるでしょう。そのためには、ＩＣＯによる資金調達を経て、大成功する企業の存在がなにより必要です。

間違ってはいけないのが、資金調達額の大きさ＝成功ではないということです。いくら資金を集めても何の芽も出ないプロジェクトは山ほどあります。

ごく当たり前のことですが、大事なのはＩＣＯによって得た資金で何を成し遂げるかです。企業側はＩＣＯで調達した資金をステップに世界を変えるようなプロジェクトを成功させ、出資者側はその結果を正しく評価してほしいと私は願っています。成功企業がどこの国から現れるかは分かりませんが、それが日本の企業であれば、なお喜ばしいことだと思います。

通貨のその先

スマートコントラクトとは

現在、ビットコインに次いで支持を集めているのがイーサリアムという仮想通貨です。２０１９年5月時点でビットコインが１ＢＴＣあたり70万円前後なのに対して、イーサリアムは１ＥＴＨ（イーサリアムの単位）あたり2万円前後となっています。依然としてビットコインとの差は大きいものの、ビットコイン人気が落ち着いていることもあり、その差は徐々に縮まってきたと言えるでしょう。

イーサリアムは、一人の若き天才によって開発されました。青年の名前はヴィタリック・ブテリン。１９９４年生まれのロシア人です。

彼に影響を与えたのはやはりビットコインでした。17歳のときに父親からビットコインの存在を教えてもらい、見事に魅了されてしまったようです。ビットコインという新たなアイデアにのめり込んだ彼は大学を中退し、世界中のビットコインプロジェクトを肌で感じるための旅に出ることを決意しました。そして、2013年にはイーサリアムを開発します。なんと彼が19歳のときだというから驚きです。

彼が世界中のビットコインの現場を見て感じたのは、ブロックチェーンのプラットフォームの必要性でした。ブロックチェーンという仕組みを仮想通貨だけでなく、他の分野にも応用したいと考える人間が多くいることに気づいたのです。

イーサリアムにはビットコインとは異なる大きな特徴が備わっています。それが、スマートコントラクトです。簡単に言ってしまえば、ブロックチェーンを利用して自動的に契約を履行する仕組みです。

主に電子署名サービスを提供するアメリカのDocuSign社は、2015年にスマートコントラクトによって期待されるレンタカーサービスの簡易化について動画を発表しました。

もはや車を借りるユーザーは、実店舗に行って煩わしい書類にサインする必要はありません。ユーザーは車に搭載されたタッチパネルで、レンタルプランや保険プランを選んで署名をするだけ。支払いはクレジットカードで済んでしまいます。そして、支払いが完了すると、ブロックチェーン上に情報が登録され、車を利用できるようになるというわけです。

このように、ある条件が満たされると、自動的に契約が履行されるのがスマートコントラクトの特徴です。サービスを提供する側は対面で契約作業を行わなくて良いので人的コストや作業コストが減少し、ユーザー側は実店舗に行く必要がないのでさっと車を借りることができます。

最近では保険業界や不動産業界など、契約の煩雑さが課題の分野で実証実験が進んでおり、今後は様々なところで目にする機会が増えるかもしれません。

新たな人材の必要性

ブロックチェーンは、過去の取引を改ざんすることが困難な技術です。特に、契約書のように大切な情報は改ざんされてはいけないので、スマートコントラクトは相性が良いように見えます。

ただ、人材レベルで考えるとどうでしょうか。通常、契約書を作成するのは法律知識に精通した人間です。スマートコントラクトで契約書などを扱う場合は、それに加えてプログラマー的な知識も必要となります。というのも、ブロックチェーンやスマートコントラクトの仕組みを理解できていないと、設定可能な条件すら分からないからです。

新たにプログラマーを雇う、あるいはプログラマーに外注するという方法もありますが、法律の話が噛み合わないと間違った条件を設定されることにもなりかねません。スマートコントラクトの導入を考える際は、対応できる人材がいるかも慎重に見極めたほうが良いでしょう。

また、スマートコントラクトの強制力についても、改めて考えなければいけません。あらかじめ契約が履行される細かい条件は、ブロックチェーンに記録をしておく必要があります。

例えば、大型機械製造A社と部品製造B社が部品の納入について、契約を交わしたとしましょう。B社が1万個の部品を1ヵ月で納入できたらA社が1000万円を支払い、1日遅れるごとに10万円の減額になるという条件をブロックチェーン上に記録します。

ところが、B社の工場が放火に遭い、本来ならば納入できた部品数が約束通りに納入できなくなってしまいました。

基本的にスマートコントラクトは、改ざんが困難なブロックチェーンに記録されているので、急な変更には対応できません。A社が事情を考慮して全額支払おうと思っても、B社が受け取るのは減額された報酬です。もちろん、あとでA社がB社に対して、追加の支払いをすればいいだけの話ですが、手間が増えることは確か。これでは全然スマートではありません。

これは極端な例ですが、今のところ不確定要素の多い契約には向かないのが現状です。そもそもスマートコントラクトは実用に耐えうる技術なのか、本当にスマートコントラクトを導入する必要があるのか、別のアイデアで代用できないのかなど、一度立ち止まって考える必要があるのではないでしょうか。新しい技術だからといって、今までのやり方の全てを良くしてくれるとは限りません。

クリエイティビティを発揮する場

イーサリアムの開発者であるヴィタリックが目指したのは、「ブロックチェーンのプラットフォーム」。スマートコントラクトは、ブロックチェーンの可能性を、仮想通貨以外にも大きく広げたと言えます。

もちろん、その影響力は仮想通貨業界にも及んでいます。イーサリアムの技術は、ＩＣＯで発行されるトークンでも使われているのです。

新たに仮想通貨やトークンを作成するには大変な労力を必要とします。どういったルールで稼働させるか、供給量はどのくらいにするか、送金方法はどうするかなど、細かい条件をイチからプログラミングしなければいけません。完成したとしても、それぞれ規格が異なることが多かったため、取引所やユーザーは発行される仮想通貨ごとにウォレットを準備する手間がありました。

そこで、イーサリアムは「ＥＲＣ20」という統一規格を公開します。新たに仮想通貨を作成しようとする場合は、この規格に則って作ることで誰でも簡単に仮想通貨を作ることができるようにしました。しかも、ＥＲＣ20に基づいて作成された仮想通貨は、同じウォレットで管理することができます。

ＩＣＯが盛り上がった要因の一つには、ＥＲＣ20によって簡単にトークンが発行できるようになったことも大きく関係しているのです。あまりにも数が多すぎるために正確な数は把握できていませんが、その数は２万以上とも言われています。

ただし、私がイーサリアムに期待しているのは、仮想通貨というよりも、クリエイティヴな分野での活用のされ方です。

その一つが、DApps（ダップス）ゲームです。DAppsは「Decentralized Applications」の略で、非中央集権型のアプリケーションのことを指します。要するに、ブロックチェーンを利用することで、中央管理者なしで運営できるサービスだと思ってください。ただ、さすがに完全に管理者を置かないことは難しいので、一部の管理業務を担っているくらいのイメージでしょうか。システムデータをブロックチェーンに記録するため、サービスのセキュリティが高いことも特徴です。

『CryptoKitties（クリプトキティーズ）』は代表的なダップスゲームの一つです。ユーザーはイーサリアムを使って様々な特徴ある猫を購入したり、猫同士を交配させることで新しい猫を生み出すことができます。

猫にはそれぞれ遺伝子コードが設定されており、交配することで生まれる猫は40億種類以上。なかでも、初期に生み出されたファウンダー・キティーと呼ばれる猫や、運営元が限定で販売した猫などは最高レアと認識され、高値で売買されています。過去には約１５００万円で落札された猫もいたほどです。いたってシンプルなゲームではありますが、コレクション性や高値で売買できる点がウケて、２０１８年半ばまでに約25億円以上が取引されたといいます。

猫の高値売却が目的のユーザーが多いかもしれませんが、なかにはコレクションが楽しくて仕方がなかったり、自分だけの猫を作成することに喜びを見出しているユーザーもいるはずです。

今後は、利益だけではなく、ゲームのように創造性を実現するツールとしてブロックチェーンが使われることが増えていくかもしれません。個人的には、かつての遊び心に溢れたビットコイン界隈の雰囲気が戻ってきたようで懐かしく感じます。

ブロックチェーンはインフラになる

２０１９年1月に国際決済銀行（ＢＩＳ）があるレポートを発表しました。そのレポートによると、対象となった世界中の63の中央銀行のうち約7割が、中央銀行発行のデジタル通貨の可能性について議論や実証実験を開始している、あるいは開始予定だというのです。

特に、積極的に議論を進めているのがスウェーデンとウルグアイの中央銀行です。スウェーデンは、２０１７年からデジタル法定通貨「ｅクローナ」のプロジェクトに取り組んでおり、かねてから法定通貨のデジタル化には積極的でした。

背景には、同国のキャッシュレス化があります。同じくＢＩＳが行った調査によると、２０１６年時点のスウェーデンの現金流通量は対ＧＤＰ比で１・４％。日本の19・９％に比べると、かなりのキャッシュレス先進国であることが分かります。もはや現金お断りの店もあるほどです。

今のところ、ｅクローナ構想は進んでおり、２０１９年中には運用テストの実施が検討されています。ｅクローナへブロックチェーンが導入されるかは不明ですが、キャッシュレス化を大胆に進めてきたスウェーデンがどのような決定を下すかは注目です。

もう一つ、ウルグアイの中央銀行は、２０１７年にブロックチェーンを活用したデジタル法定通貨「ｅペソ」の実証実験をスタートさせました。世界各国でデジタル法定通貨の議論が進むなかで実用化は初めてのケースです。今後は国民の反応を見ながら議論を進めていくということでしたが、仮に実現したらブロックチェーンを使った初めてのデジタル法定通貨となるでしょう。

日本は２０１６年12月に、欧州中央銀行とともに金融市場インフラへのブロックチェーンの応用可能性を調査するため、共同プロジェクト「Project Stella（プロジェクト・ステラ）」を立ち上げました。これまでの研究では、資金決済システムや証券決済システムと同等の環境下で検証などを行い、基本的には応用可能なものの、正常に作動しない部分もあるという結果が出ています。「ｅ円」なるものが導入されるかは未知数ですが、国の金融システムへ応用される日も近いかもしれません。

ほかにも、カナダ、中国、シンガポールなどが、実際に導入するか否かは別として、デジタル法定通貨についての議論を進めています。

また、政府だけでなく、銀行もデジタル通貨の発行を決定しています。みずほフィナンシャルグループは２０１９年3月にデジタル通貨「Ｊコイン」を発行することを発表しました。ブロックチェーン技術は使われていませんが、買い物などの決済に利用可能で、コイン同士の送金手数料は無料となる見込みです。

三菱ＵＦＪ銀行は、ブロックチェーンをもとにしたデジタル通貨「coin（コイン）」を開発中であり、２０１９年度中の実用化をめどにプロジェクトが進んでいる模様です。すでに２０１８年5月には、高速処理の新型ブロックチェーンを開発済みで、決算処理速度は2秒以下、毎秒１００万件の取引を処理することができるようです。実用化されたとしたら、ブロックチェーンの新たな可能性が広がるでしょう。

振り返ってみると、もともと政府や銀行による中央集権的な管理から解放されることを目指して開発されたのがブロックチェーンという技術でした。しかし、もはやその技術を使った仮想通貨が通貨として成り立つのは難しい状況であることは本書でも述べた通りです。

むしろ、最近の例をみてみると、政府や企業といった「中央」とされる側がデジタル通貨に可能性を感じていて、なかにはブロックチェーンの活用を積極的に議論しているところさえあります。

ここから分かることは、ブロックチェーンはいくらでも応用が利く素晴らしい技術だということではないでしょうか。残念ながら非中央集権的な通貨の実現は夢に終わるかもしれません。それでも、新たな管理システムを人間が手に入れたことには大きな意味があると思います。

これからのブロックチェーンは、社会を支えるインフラとして活用されながら、私たちの生活をさらに豊かにしてくれるはずです。もしかしたら、その先の新たな技術が登場することで、誰にも管理されない通貨が実現するかもしれません。いずれにせよ、通貨が政府や企業から解放されるのはもう少し未来になりそうです。

いずれまた変更が加わるはず

チャールズ・ダーウィンは『進化論』で自然淘汰を唱えました。つまり、環境に適応した生き物だけが淘汰されずに生き残るという考え方です。

それは仮想通貨も同様で、オリジナル的存在であるビットコインだからといってその摂理から逃れることはできません。ビットコインも変化し続けなければならないのは当然の流れです。ビットコインからビットコインキャッシュがハードフォークし、さらにビットコインゴールドもハードフォークしましたが、進化の原則に則れば何も間違ってはいません。

むしろいろいろな仮想通貨があっていいと私は考えています。生き物にはそれぞれ得手不得手があるでしょう。それと同じように、仮想通貨にも得意分野があって、それぞれが生き残ってもいいのではないでしょうか。

だから、将来的に一つの仮想通貨に収斂（しゅうれん）することは考えづらいというのが私の意見です。おそらく、汎用性のあるビットコイン、契約の分野に強いイーサリアムという具合に、目的によって異なる仮想通貨が存在し続ける気がしています。

ただし、将来的にビットコインを決済に使えるようにするためには、参加者が全ての取引データのコピーを所有する以外のシステムが必要だと思われます。やはり多数が同じデータを持つことには無駄が多く、データも重くなってしまいます。

例えば、全ての参加者が担当エリアの取引のみを確認するといった、中央集権と非中央集権の間のような運用があってもいいのかもしれません。それでもエリアをどうやって分けるのか、信用を担保できるのかといった課題は残りますが、やってみないことには最適な解は見つかりません。

むしろ楽しみながら仮想通貨の新たな進化を待ってみてもいいのではないでしょうか。

私がこれからしていきたいこと

世界のIT産業における日本の立ち位置

これまで本書では、私が知っている仮想通貨の「正体」をありのままお伝えしてきました。最後に、世界のIT産業の中において、日本が現在占めている立場について、そして、私がこの日本において、これからどのような仕事をしていきたいと考えているのかをお話させていただければと思います。

まず、皆さんが現在、お使いになっているパソコンはどこの製品でしょう？　私の幼少期には、日本製のNECのPC9800シリーズや富士通のFM7シリーズなど、日本製のパソコンは憧れのマシンでした。その後も、日本IBMのTHINK PADというノートパソコンの先駆けや、ソニーのVAIOなど、素晴らしいパソコンが世に送り出され、私も新製品が出るのを楽しみにしていたものです。私もパナソニックのTOUGH BOOK CF6を使っていたことがありました。

ところが現在は、私が使用しているのは、デスクトップは自分でCPUなどのパーツを購入して組み立てたもの、ノートパソコンはアップル製品です。周りのエンジニア達も、日本製のものを使っている人は少数派となってしまっています。

また携帯端末を見ても、多くの日本メーカーが撤退して、現在、実質的に残っているのはソニーのエクスペリアくらいという状況で、それを除けば、アイフォーンを選ぶか、中国製または韓国製を選ぶかという選択肢しかないのです。

中国ファーウェイの製品に、バックドアといわれるセキュリティ上の穴が埋め込まれ、情報が筒抜けになっており、また機器の動作をコントロールできるように設計されているのではないかと、アメリカ政府が問題視しており、ファーウェイ側がこれに反発している問題についてお聞きになったことがある人もいるでしょう。真偽は別にして、それなら信頼できる日本製の携帯端末を……と考えても、ほとんど選択肢がないのが実情なのです。

信頼という観点でいえば、パソコンや携帯端末に使用されており、今後、ＩｏＴや自動運転の時代に一層重要性を増すであろうＣＰＵは、残念ながらすべて外国製です。このように、かつて日本製が存在感を放っていたハードウェアの世界でその信頼性が問題となっても、日本人は信頼できる自国製を選ぼうにも、ほとんど選ぶことができないのです。

次に、サーバーを見てみましょう。現在、クラウドをはじめとするサーバーによるサービスは、アマゾン、グーグル、マイクロソフトのアメリカの３社が寡占しています。これは、これらの会社が、設立当初から大量のサーバーを購入して連携することに莫大な投資を行ってきた結果、サーバーネットワークのボリュームを拡大し、それによってセキュリティの高さを実現したからです。

たとえばアマゾンは、当初は株主から、どうして配当もしないでサーバーへの投資ばかりしているのだと、非難の嵐を浴びていました。しかし、これら企業の設立者たちには、株主とはまったく異なる景色が見えていました。

サーバーを攻撃するハッカーに対抗するためには、「量がやがて質に変化する」といち早く見抜き、これを支持する投資家がいたからこそ、現在の地位を築くことができたのです。当時、日本にも、同じ景色をみるエンジニアがおり、それを支持する投資家がいたならば……。

しかし、サーバー事業も寡占が進み、米国に対立する陣営として中国が国ぐるみで台頭してくると、いつまでもすべてのサーバーの安全性が保証されているというわけではありません。また寡占が進んだ結果、競争が生じておらず、利用者はあまりにも高額な費用を支払っており、経済活動の制約要因になっている。新しい技術が創出されづらくなっているという問題もあります。

寡占状態は、もはや米国にとっても、サーバー利用者にとっても、適切な分散が必要な程度にまで進んでしまっています。ある意味では、これはチャンスなのです。ところが、日本の政府も企業も、サーバー事業の世界で今後どのような戦略を持ち、遂行しようとしているのか、明確に見えないのが現状です。

このように、世界のIT産業において日本のしめる位置は、残念ながらいつの間にか見る影もない状況になっており、いまや単なるユーザーの地位に転落しつつあります。

トリスタン・テクノロジーズ

情報を保存し分析するためのインフラとして、企業活動において必須不可欠となったサーバー事業が数社に寡占されている状況は、セキュリティ上も、また産業育成基盤のハイコスト化という観点でも、決して健全なものとはいえません。私たちはトリスタン・テクノロジーズという会社を立ち上げ、信頼性が高く使い勝手が良くてコストも安い、世界のスタンダードモデルになれるようなサーバー事業を、日本発で創出するための技術開発を進めています。

また、データ量の多いコンテンツを、安全に迅速にシェアすることは、プライベートユースでも企業活動においても非常に重要です。来たる5G時代には、さまざまなコンテンツのデータ容量は、ますます増加していくでしょう。

先日、ファイルシェアリングサービスの安全性が問題になりましたが、困っているユーザーが沢山いるのではないでしょうか。私たちトリスタン・テクノロジーズは「AtOnline Drive」というサービスを開発し、このようなニーズに応えるためのソリューションをすでに提供しています。

「AtOnline Drive」は、多種多様な形式のファイルの保存が可能なオンラインストレージサービスです。ファイルやフォルダの管理はもちろん、他ユーザーへの共有も簡単に行うことができます。なにより保存されたファイルは暗号化処理が行われるため、データ漏洩の心配がありません。

海外のサービス水準を超える最先端の技術が使用されていますので、お使いになってみると、アップロードのスピード感などの快適性を実感していただけると思います。本書の刊行を記念して、トリスタンのＨＰにアクセス可能なＱＲコードを本書カバーと帯に掲載しましたので、ぜひとも試してみてください。

さらに、膨大なデータ群から、有意のデータを探し出す技術は、今後重要性を増していくでしょう。マウントゴックス事件でも、80万を超えるＢＴＣが誰によってハッキングされたかを特定するために、膨大なブロックチェーンのデータから、意味のあるデータを検索して抽出する技術が必要となりました。友人の外国人技術者たちと協力して、そのための技術を開発し、それがロシア人の真犯人逮捕に結びついたのです。私たちはこの技術を用いて、リーガルテック（裁判や企業法務にＩＴを導入すること）の分野でも新しい地平を切り拓きたいと考えています。

そして最後に。実は私がもっとも情熱を燃やしているのは、新しいＯＳ（オペレーションシステム）の開発です。ＯＳとはコンピュータを動かす基本プログラムのことで、ウィンドウズ95が世界中を席巻してから23年の歳月が経ちました。

現在、日本の企業は、世界的なＩＴ技術のトレンドに対する知見があまり豊富とは言えず、古いシステムに固執しがちであるため、継ぎ足し継ぎ足しで修正して長年使っているうちに、結局は企業活動を制約し、また抜本的な更新に高いコストを払っているという問題が指摘されています。いわゆる「レガシー」の問題といわれるものです。

実は、世界的に普及しているOSにも、古いアプリがその上で動くようにするというレガシーを引きずっているゆえに、セキュリティが低く、新しい通信規格にフィットしないという問題を抱えていることは、一般には知られていないでしょう。

OSを設計するということは、CPUの性能、通信の性能等をすべて勘案したうえで行うことになりますので、そういうものすべてにマニアックな探求をしていないと、難しいのです。そういう意味で、これこそが、私の集大成となるべき仕事と感じています。日本を愛する最先端の技術者たちが集い、また優秀な日本人の若者たちを世界で通用するエンジニアに育成しながら、日本の美意識、細やかさが、物づくりだけでなく、ITの世界でも通用することを示したい。そのためのステージとして、トリスタン・テクノロジーズという場を育てていきたいのです。

トリスタンのOSが世に出る決して遠くないその日に向けて、私は、ワクワクしながら、日々仕事に取り組んでいます。

あとがき

私は、ブロックチェーンを利用した仮想通貨の世界では、発行者が存在しない以上、交換所が最も重要なインフラになると考え、マウントゴックスを世界最大の交換所に育て上げました。その頃の私は、ＩＴの世界で遅れをとってしまった日本がリバイバルするために、この国で新しいインフラを作りあげたいという熱い思いを抱いていたのです。

本書でも書いたように、いろいろな不幸が重なり、その夢は道半ばで挫折することになりました。

思い返すと、マウントゴックスを引き継いだ当時の私はまだ25歳で、ＩＴのことしか知らない世界で育ってきたにもかかわらず、たった独りで急速に巨大化してゆく事業をマネジメントしようとしたのはかえすがえすも反省すべき点だったと思います。信頼し相談できるパートナーも、当時の私にはいませんでした。

マウントゴックスが倒産して私自身も破産し、それこそ無一文となり、まわりから誰もいなくなってしまったときに、お世話になっていた青山英男公認会計士の紹介で、緒方延泰弁護士に会いました。しばらく話をしたあと、「わかった、助けよう。きみの人格と能力を信じる。君にいま足りないものは……足りないものだらけなんだが、それは、僕がなんとかしよう」と言って、私を弁護すると決断してくれたときのことは、生涯忘れることができません。

緒方先生は強力な弁護団を結成してくれて、無報酬で4年に及ぶ刑事弁護を緻密な戦略で戦い抜き、最終的には事実上の無罪判決を勝ち取ってくれました。

緒方先生が言った印象的な言葉があります。

「日本はかつて明治維新の際に、お雇い外国人を採用して、近代化を果たすためにどのような手順で遂行していったら良いか設計してもらい、限られたリソースを上手に使って目的を達成した。今、日本のIT産業は言語の問題もあり、世界のマーケットから完全に切り離され、明治維新の当時と同じ状況に陥っている。今こそお雇い外国人の力を借りなければならない。なので今回の件にめげずに、どうか引き続き日本のために力を貸してほしい」

私はその心意気に応え、日本に骨を埋める覚悟で、緒方先生とともにトリスタン・テクノロジーズ株式会社という会社を立ち上げました。

優秀な海外エンジニアを多数採用し、世界の技術の潮流を読み、日本のIT産業が目指すべき長期的目標を設定して、技術開発と投資を行う。それによって、さらに良い人材を結集していきたいと考えています。

日本のIT産業がふたたび世界で存在感を示せる日が来ることを願い、私も力を尽くすつもりです。

長い裁判を戦い抜き、本書を執筆することができたのは、緒方延泰先生と奥様の恵子さんの支えがあってこそでした。同じく弁護団の飯野毅一先生、工藤啓介先生、園部裕治先生、落合祐一先生と緒方法律事務所のスタッフの皆さん、美しく力強い鑑定書を書いてくださった慶應義塾大学法学部の和田俊憲教授にこの場を借りて感謝を申し上げます。真実を解明するため、膨大なブロックチェーンデータの解析に協力してくれたキム・ニルソン氏にも深く感謝します。藤本真衣さんには、本書執筆にあたり貴重なアドバイスをいただきました。苦しい局面で励まし続けてくれたトリスタン・テクノロジーズの仲間たち、そして、本書が誕生するまでに力を貸してくださったすべての方々に、あらためて感謝を申し上げます。

2019年5月

マルク・カルプレス

https://nemmanual.net/proof_of_importance.html
- 「仮想通貨投資を促すデジタルの招き猫：世界最大ブロックチェーンゲーム『クリプトキティーズ』」、CoinPost、2018年6月14日
https://coinpost.jp/?p=31571
- "Proceeding with caution - a survey on central bank digital currency", BIS, 2019
https://www.bis.org/publ/bppdf/bispap101.pdf
- Satoshi Nakamoto,"Bitcoin: A Peer-to-Peer Electronic Cash System", 2008
https://bitcoin.org/bitcoin.pdf
- "Bitcoin's Use in Commerce Keeps Falling Even as Volatility Eases", Bloomberg, 2018.8.1
https://www.bloomberg.com/news/articles/2018-08-01/bitcoin-s-use-in-commerce-keeps-falling-even-as-volatility-eases
- "CONTACTLESS CARD THEFT: USERS WARNED TO WATCH OUT FOR 'DIGITAL PICKPOCKETS," ,INDEPENDENT, 2016.2.17
https://www.independent.co.uk/life-style/gadgets-and-tech/news/contactless-card-theft-users-warned-to-watch-out-for-digital-pickpockets-a6879796.html
- "Soaring Inflation Sends Bitcoin Trading Volume to [Another] New High in Venezuela" ,ccn, 2018.10.16
- "Bitcoin Investors Eye Turkey As Lira Plummets 20%", Forbes, 2018.8.13
https://www.forbes.com/sites/billybambrough/2018/08/13/bitcoin-investors-eye-turkey-as-lira-plummets-20/#221d69e743d6
- "Cryptocurrency Markets Are Juicy Targets for Hackers: Timeline", Bloomberg,2018.6.20
https://www.bloomberg.com/news/articles/2018-06-20/cryptocurrency-markets-are-juicy-targets-for-hackers-timeline
- Bitcoin IRA HP
https://bitcoinira.com
- "DocuSign & Visa's Smart Contracts & Payments Prototype", YouTube
https://www.youtube.com/watch?v=2rLNbd6MQXg

〈参考文献・レポート〉

- 大塚雄介『いまさら聞けない ビットコインとブロックチェーン』ディスカヴァー・トゥエンティワン、2017年
- 野口悠紀雄『入門 ビットコインとブロックチェーン』PHPビジネス新書、2017年
- 中島真志『アフター・ビットコイン 仮想通貨とブロックチェーンの次なる覇者』新潮社、2017年
- 小島寛明『知っている人だけが勝つ 仮想通貨の新ルール』講談社プラスアルファ新書、2018年
- 岡田仁志『決定版 ビットコイン&ブロックチェーン』東洋経済新報社、2018年
- 尾河眞樹『ビジネスパーソンなら知っておきたい仮想通貨の本当のところ』朝日新聞出版、2018年
- 金融庁『仮想通貨交換業者登録一覧 』2019年
  https://www.fsa.go.jp/menkyo/menkyoj/kasoutuka.pdf
- 金融庁『仮想通貨交換業等に関する研究会 報告書』2018年
  https://www.fsa.go.jp/news/30/singi/20181221-1.pdf
- 日本銀行『分散型台帳技術による資金決済システムの流動性節約機能の実現』、2017年
  https://www.boj.or.jp/announcements/release_2017/rel170906a.htm/
- 日本銀行『分散型台帳技術によるDvP決済の実現』、2018年
  https://www.boj.or.jp/announcements/release_2018/data/rel180327a3.pdf
- LINE『「LINE Token Economy」構想を発表。独自のブロックチェーンネットワーク
  「LINK Chain」を基盤とした「LINKエコシステム」及び、汎用コイン「LINK Point」と「LINK」を公開』、2018年
  https://linecorp.com/ja/pr/news/ja/2018/2366
- 「SSL/TLS 20年の歩みと動向」日本ネットワークインフォメーションセンターHP
  https://www.nic.ad.jp/ja/newsletter/No59/0800.html
- 「第7章 決済の実行」日本銀行HP
  https://www.boj.or.jp/paym/outline/kg73.htm/
- 「貨幣とは何か」、ファイナンス&ディベロップメント、2012年9月
  https://www.imf.org/external/japanese/pubs/ft/fandd/2012/09/pdf/basics.pdf
- 「Ethereum & the Power of Blockchain 分散の力 ヴィタリック・ブテリン、かく語りき」、WIRED、2017年10月7日
  https://wired.jp/special/2017/vitalik-buterin/
- 「仮想通貨が地球上の電力を使い果たす? その恐るべきエネルギー消費を考える」、
  WIRED、2018年11月12日
  https://wired.jp/2018/11/12/bitcoin-will-burn-planet-down-how-fast/
- 「NEMの説明書 POIとは何か」

マルク・カルプレス
Mark Marie Robert Karpelès

1985年、フランス・ディジョン生まれ。幼少期からコンピュータに興味を持ち、3歳からプログラミングを始める。15歳頃、友人やネットで知り合った人たちとサーバーホスティング事業を立ち上げる。18歳でゲーム会社に入社し、1年半ほど就業したのち、個人でエンジニアの仕事を多数請け負う。20歳でTéléchargement.FR（現Nexway SA）に開発者として入社。研究開発副部長となり、決済関連業務も担当する。2009年に日本に移住、株式会社TIBANNEを設立し、サーバーホスティング事業を始める。2011年にマウントゴックスのビットコイン事業を譲り受け、その運営に携わることになる。ビットコインの急激な価格上昇期を経験し、世界最大の交換所となるが、2014年にハッキングに遭い、破綻。2015年に私電磁的記録不正作出・同供用及び業務上横領などの容疑で逮捕されたが、2019年3月に事実上の無罪判決を勝ち取る。現在はトリスタン・テクノロジーズ株式会社の取締役CTO。趣味はアップルパイ作り。日本のアニメや漫画に造詣が深く、「アニメソムリエ」の異名を持つ。

仮想通貨（かそうつうか）3・0

二〇一九年五月三〇日　第一刷発行

著者　マルク・カルプレス

発行者　渡瀬昌彦
発行所　株式会社　講談社
東京都文京区音羽二丁目一二－二一　郵便番号一一二－八〇〇一
電話　編集〇三－五三九五－三五二二
販売〇三－五三九五－四四一五
業務〇三－五三九五－三六一五

ブックデザイン　鈴木成一デザイン室
編集協力　橋本 歩
印刷所　株式会社新藤慶昌堂
製本所　株式会社国宝社

定価はカバーに表示してあります。
ISBN978-4-06-515038-2